JN023316

いちばん役立つ 相続まるわかり

弁護士
國部 徹 [監修]

自由国民社

は じ め に

　相続は、誰もが例外なく直面する問題です。親から生まれた子であるかぎり、あるいは妻や夫を持つ者であるかぎり、いつかは死別のときがやってきて、亡くなった人の財産を受け継ぐための手続き——相続の問題が起こります。

　相続の方式については、法律（民法）によって、かなりのことが決まっています。それでは法律を知っていれば、すべてスムーズに進むのかというと、そう簡単にはいきません。

　たとえば、葬儀の手配にはじまって、相続人を確定するための戸籍のとり方、亡くなった人の銀行預金のおろし方など、たいていの人が普段はあまり考えもしないようなことごとが、急を要する問題として遺族のもとにおしよせてきます。それらのことは、いざとなってあわてても、どうしたらよいかがとっさにわからないものです。

　この本は、相続によって財産を受け取る方々の苦労をできるだけ軽くすることを目的に作られています。相続に関するさまざまな悩みを持った方の相談ごとに、できるだけわかりやすく、役に立つ説明のしかたでお答えするようにつとめました。そして、相続でよく起こる法律上のトラブルについてはもちろん、法律外で知っておいた方がよい、いろいろな実際的な知識——遺産の探し方や値段の見積もり方、戸籍のとり方、生命保険や年金のことなどについてもたくさん盛りこんであります。「いざとなってもあわてないですむ本」として、充実した内容だと思います。

　この本が、起きてしまった相続トラブルを解決したり、起きる前にトラブルを防いで、一人でも多くの相続人の方のお役に立つことを願っています。

監修者（初版〜第5版）　弁護士　石原　豊昭

　この本は、急に相続に直面した方の手引きとなり、また、自分に万一のことがあった場合の準備のヒントにもなる本です。

　令和に入ってから相続法に大きな改正がありましたので、それを反映した内容に改めました。

　なお、第1章の監修には、前版に引き続き経験豊富な中野千津香行政書士に補佐をしてもらいました。

監修者　弁護士　國部　　徹

被相続人が財産を残して死亡

直後に相続が開始

▶相続人が被相続人の死を知らなくても相続は生じます。

▶しかし、生じた相続を放棄するかどうかは、相続人が「相続の生じたことを知ったとき」から3か月以内に決めればいいのです（右ページのB）。

相続で必要な手続き

右のページが遺産分けの手続きの流れになります。

こちらは相続そのものには関係ありませんが、相続人の方が急いでやることになる手続きです。

とり急ぎ必要となる手続き

●死亡届の提出 　☞ 死亡後7日以内〔市区町村役場〕

●火葬・埋葬許可の申請 　☞ 死亡届と同時〔市区町村役場〕

●年金受給権者死亡届 　☞ 14日（厚生年金は10日）以内〔年金事務所〕

●遺族年金の受給権請求手続き 　☞ すみやかに〔社会保険事務所など〕

●銀行など金融機関への死亡届 　☞ すみやかに〔取引口座のある店舗〕

＊ただし、死亡届によって口座が凍結されますから、注意が必要です。

●公共料金の契約名義変更手続き 　☞ すみやかに〔電気、ガスなど各事業体窓口〕

●健康保険証の返却手続き 　☞ すみやかに〔市区町村役場または健保組合〕

●生命保険金の請求手続き 　☞ すみやかに〔契約している生保会社〕（請求期限は3年）

A

相続人の確定

①遺言書がある場合

⇨ 遺言書に記された人しか遺産を受け取れません。

▶例外：「遺留分」を受け取れる場合

---

①遺言書がない場合

民法の規定通りに相続人が決まります。

戸籍 ⇨ ▶戸籍をたどって相続人を確定します。

相続財産の確定

遺産の主だったものを調べ、財産目録を作成します。
▶借金や保証債務も相続財産になりますので、注意が必要です。

相続財産の価格評価

評価の基準としては「財産評価基本通達（国税庁）」があり、不動産については「固定資産税評価額」「路線価」などがあります。ただし、税金をとるためのものなので、時価評価とは異なります。
▶精密を期すには専門家に鑑定を頼みますが、相続人相互の了解で値づけをしていくことは自由です。

家庭裁判所

●発見後すみやかに

遺言書の検認
遺言書は、家庭裁判所で検認を受ける必要があります。
▶公正証書や法務局保管遺言は検認不要。

●3か月以内

申述書の提出
放棄は相続人が別々にできますが、限定承認は相続人全員で連名の申述書を提出。

Aがすんだら**B**について考えます。

B

相続の承認・放棄

- **放　棄**……まったく遺産を受け取らないようにすることです。
- **限定承認**……遺産の＋－を精算し、＋の限度で返済をおえます。
- **単純承認**……なにもしなくても3か月後には、借金も含めて丸ごと受け取ったことになります。

Bで承認・限定承認を選んだら**C**へ

C

遺 産 分 割

必ず相続人の全員一致によって成立させます。

遺産分割協議書 ⇨ 相続人全員の実印と印鑑証明書が必要。
遺産分割協議書を作成します。

●期限はなし

▶いつまでにせよとは決まっていません。ただし相続税を払うときには、10か月以内に分割をおえる必要が出てきます。

Cの結果、納税義務のあるときは**D**へ

D

相続税の支払い

基礎控除額を超える遺産があるときだけ、税務署への申告が必要です。

⇨ 【基礎控除】
3000万円
＋600万円
×相続人の数

税務署

●10か月以内

申告と納付
相続人がそれぞれ単独で行ないます。
▶各種の控除は、申告時に申し出ます。

5

も　く　じ

第1章

家族が亡くなったときの
手続きはどうすればいいですか

◉ 葬儀の手配から遺言書の処理、預金の引出し、遺産さがし、戸籍の取得まで

第2章

遺産分けのルールは
どうなっているのですか

◉誰が遺産を受け取れるかのルールから、相続人の間の不公平を
減らすしくみまで

第3章

相続の承認・放棄は どのようにすればいいのですか

◉相続の承認・限定承認・放棄の基本から、まちがってした放棄
の取消しまで

第４章

実際の遺産分けは
どのようにすればいいのですか

◉遺産分割の基本ルールから、分割協議のベースとなる資産評価
のやり方まで

第5章

相続税はどのように
支払えばいいのですか

◉相続税の生じる条件から、負担軽減のための控除制度、税額計
算のやり方まで

カバー・本文イラスト　山川　直人

家族が亡くなったときの手続きはどうすればいいですか

◉葬儀の手配から遺言書の処理、預金の引出し、遺産さがし、戸籍の取得まで

　大切な家族が亡くなったとき、悲しみのなか、遺族には次々と処理しなければならない手続きが生じてきます。それは亡くなった人を葬るためのものであったり、亡くなった人のお金の関係（銀行預金や年金や生命保険など）を整理する手続きであったり、すでに生じている相続の問題を相続人たちがこれからきちんと処理するための事前準備の手続きであったりします。

　どれもゆっくりとはできないものばかりで、遺族の方は、悲しんでばかりいられないのが実情でしょう。この章では、このような、相続の手続きに先立って急いでしなければならない手続きについて説明します。

1 とり急ぎ葬儀場を決めてから死亡届を役所に出します

 お父さんがお亡くなりになったそうで、謹んでお悔やみを申し上げます。あなたもお疲れでしょうが、葬儀の手配などは？

 これからですが、近親者の死ははじめてなもので、わからないことだらけでして……。

 早々にやらなければならないのは死亡届の役所（死亡地などの市区町村役場）への提出です。死亡から7日以内が提出期限ですが、死亡届の提出と引き換えに火葬許可証を出してもらいま

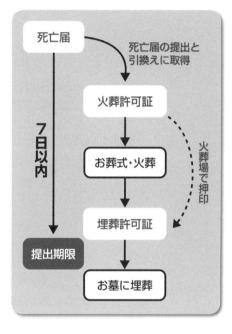

死亡届

死亡届の提出と引換えに取得

7日以内

火葬許可証

お葬式・火葬

火葬場で押印

埋葬許可証

提出期限

お墓に埋葬

すから、死亡届を出さないとご遺体を焼いてお骨にできませんし、お墓に埋葬もできません（火葬許可証が火葬場でハンをつかれて埋葬許可証になります）。ただ、実際には自分でやらずに葬儀社に頼んで、死亡届の提出などを代行してもらう方が多いです。

ココがだいじです！

近親者死亡後の手続きの流れは？
①死亡届の提出 ⇨ ②提出と引換えに火葬許可証の受取り
⇨ ③お葬式 ⇨ ④火葬・埋葬

2 臨終後に医師がくれる死亡診断書がそのまま死亡届の用紙になります

 とり急ぎ死亡届を役所に出さなければならないことはわかりましたが、さきほど往診してくれたお医者さんが、死亡診断書だといって母に紙を渡していました。あれも役所にもっていくんでしょうか。

 ええ……というより、医師がくれた死亡診断書が、すなわち死亡届でもあるんです。二つは同じ一枚の用紙です。**死亡届の右側半分が、医師の書きこむ死亡診断書（死体検案書）の欄になっています。**

それよりも、死亡診断書については、気をつけてほしいことがひとつ。役所に提出する前にコピーをとっておかないといけない場合があります。

> 亡くなった人が生命保険やマンションなどの団体信用保険（ローン支払者が死亡すると保険金が出て返済が完了する）をかけていた場合

> **保険金の支払い請求には、死亡診断書の提出が必要です。**

コピーではだめという保険会社もあって、そのときには死亡診断書を書いた医師（ないしは病院の窓口）に再発行してもらう必要があります（1枚＝数千円程度かかります）。

ココがだいじです！

**死亡診断書は保険金の請求をするとき必要ですから
コピーをとっておくことです。
（原本でないといけない場合もありますから、保険会社に確認のこと）**

3 封印のしてある遺言書だったら開封せずに家庭裁判所で「検認」を受けないといけません

 父が亡くなったのですが、文箱の中から「遺言書」と書かれた封筒が出てきました。封がしてあるのですが、開いて読んでもかまわないでしょうか。

 封ばかりか封印（＝閉じ口のところに押印したり、「〆」「封」「緘」などの封字を書くこと）までしてある場合には、自分で開いてはなりません。封印がなければ開いてもかまいませんが、いずれにせよ、**それが公正証書遺言か法務局に預けた遺言でないかぎり、家庭裁判所（亡くなった人の最後の住所地の）にもっていって「検認」を受けなければなりません**ので、封のしてある遺言書は自分で開かず裁判所で開けてもらうといいでしょう。

 封印がしてあるのに、うっかり開いてしまったらどうなるんですか？

 封印のある遺言書を「検認」の前に開封してしまうと５万円以下の過料と決められています（遺言書が無効になることはありませんが）。遺言書を入れた封筒には封印をしないか、いっそ公正証書遺言にしておくことをおすすめしたいですね。**公正証書遺言なら、遺族がすぐに開いて読んでいいことはもちろん、家庭裁判所での「検認」の手続きも必要ありません。**(＊)

*公正証書にしていない遺言書も、遺言書が生前に法務局（遺言書保管所）に預けておいた場合には検認手続きは不要です。遺言者死亡で相続が生じたのち、相続人は遺言書保管所に行ってその遺言書のデータを閲覧したり、書かれた内容を証明する書面（遺言書情報証明書）の交付を受けたりすることができます（オンライン化されているので遺言者が預けた保管所以外でも可）。

ココがだいじです！

①封印のある封書入りの遺言書 ⇨ **家庭裁判所で開封 ＋ 検認が必要**
②封印のない封書入りの遺言書 ⇨ **すぐに開封OK ＋ 検認が必要**
③公正証書の遺言 ⇨ **すぐに開封OK ＋ 検認も不要**

4 家庭裁判所の係官立ち会いで、遺族が遺言書の中身をあらためることです

 公正証書で作られていない遺言書は、家庭裁判所に持っていって「検認」を受けなければならないとうかがいましたが、どういうことをするんですか？

 「検認」というのは、家庭裁判所の係官が立ち会って、ご遺族（相続人となるであろう人たち）とともに遺言書の中身をあらためることです。公の場でみんなで確認しあって、あとから偽造などができないようにするんです。

 遺族としては母と私と妹がいるだけですし、仲のいい家族なので遺言書の偽造など起きるはずもありません。「検認」なんてめんどくさい手続きは、はしょってもいいと思うんですが。

 「検認」をしないといけないのにしなかったときは5万円以下の過料と決まっていますから、そう簡単に考えてはいけません（過料というのは刑罰ではなく、民事上や行政上の義務違反に対する制裁金です）。それに、**のちのちあなたがたご遺族が受け取った遺産の名義変更を遺言書どおりにするとき、裁判所発行の検認ずみ証明書をつけて申請しなければなりません。**「検認」を怠っていると、検認ずみ証明書がもらえず、この遺産分けの手続きができませんから、めんどうでも「検認」は省略できないんです。(*)

＊公正証書にした遺言書は、公証役場に保管された原本のほかに遺言者に渡された写し（正本）があるはずですから（見つからなければ再交付してもらえる）、これをそのまま使って名義変更などの手続きができます。法務局に預けられた遺言書は、その内容を証明する「遺言書情報証明書」の交付を受けて手続きに使います。

 ココがだいじです！

遺言どおりに遺産（預金や不動産など）の名義変更をするときには家庭裁判所の「検認ずみ証明書」が必要になります。
（公正証書遺言・法務局に預けた自筆証書遺言では不要）

15

5 負担がかたよって不満があるときは 遺産分割や家裁の調停で調整できます

 父に続いてこのたび母が亡くなり、葬式の手配をしています。父のときには母が喪主（もしゅ）で、費用も母が、自分のへそくりを出したり父の預金をおろしたりしてまかなったのですが、今回は長男の私が喪主になります。それで、弟や妹は、私が葬式代を全額出すのが当然と思ってるようなんです。だけど長男が必ず喪主というのもいまどきどうかと思うし、まして費用を私がすべて負担するというのは、どうにも納得できないんですが。

 だれが喪主（**葬儀主宰者**（そうぎしゅさいしゃ））になるか、法律には規定がありません。だれが費用を出すかについても同じです。亡くなった方が指定していたり、それぞれの家や地方で習わしがあれば、それにしたがっていただければいいんですが、それもないとなると、ごきょうだいが話し合って決めるほかありません。

 話し合うもなにも、弟たちは長男が喪主になるのが当然で、葬式費用も全額出すものと頭から決めつけているんです。喪主のことはともかく、葬式費用を誰が出すかについて、長男がぜんぶかぶる習わしがあるなんて聞いたこともありませんよ。現に、近所の人が亡くなったときの葬式では、きょうだいみんなが公平にお金を出し合ったということでした。

 とくに習わしやしきたりがないのであれば、まずはお母さんが残された遺産（銀行預金や家の中の「へそくり」など）を使って支払うことを考えてください（亡くなった人の銀行預金の引出しについては18ページ）。香典（こうでん）を葬祭費用の支払いにあてていいことはもちろんです。

 それにしても、葬式代はけっこうな額ですし、母の葬式では父のときほど

香典も集まらないでしょう。香典には香典返しというものがあって、全額手もとに残らないですしね。確実に足がでます。それを私に全部負担させようだなんて……。

香典や亡くなった方の預金を使ってなるべく遺族の方の負担を少なくして、それでも金額が不足する場合には、不足分をごきょうだいが等分に出し合う、というのが、いまの民法の「きょうだい＝均分相続」の決まりからしても納得のいきやすい処理だと思います。

もし香典が余ったら……

香典というものは、葬儀に訪れた人が、葬儀代や供養のための費用の足しにしてくれと、遺族にあてて贈与したお金と考えられます。ですから、余ったからといって遺族の一部で分け合ったり、喪主が独り占めして私用に使ったりしていいものともいえない性質のお金です。地域により違った習わしもあるでしょうが、一般には喪主が預かって管理し、香典返しと、のちの法事や故人をしのぶ会合などに使うのがよいでしょう。

そんなふうにうまくいけばいいんですが、当面、葬儀屋から請求書がきて支払いをするのは私です。これからの法事ごとでもお坊さんへの御布施やらなんやらお金がかかります。それらのお金を、あとからちゃんと弟たちから取り戻せるかどうか不安です。

いずれ近いうち、今回の相続について、あなた方ごきょうだいで**遺産分割の協議**をすることになります（⇒122ページ～）。そのとき、あなたが一人で支払ったお葬式の費用を、遺産分けのときには遺産を余分に受け取って埋め合わせできるよう、よく話合いをなさってください。話合いがうまくいかないときは、家庭裁判所で**調停**（もしくは**審判**）にかければ、解決できると思います。

ココがだいじです！

**家ごとや地方ごとの慣習があればそれにしたがったり、
遺族の間で負担を分け合ったり、
遺族間で納得のいきやすい取り決めが必要です。**

6 銀行が名義人の死亡を知ったあとは 戸籍謄本など多くの書類が必要です

 父の葬儀の段取りが決まってひと息ついたんですが、これからいろいろ物入りになってくるので、父の預金口座にあるお金をおろして当面の支払いにあてられれば助かるんですが……。

 その銀行がまだお父さんの死亡を知らないうちなら、口座は凍結されていませんから、お父さんのキャッシュカードのありかがわかっていて、暗証番号を聞いて知っていればですが、引出しができます。

 でも、叔父などは、遺産分けがまだすんでなくて、自分のカネでもないものを勝手に引き出すのはまずいだろう……なんて言ってまして。

 亡くなった人の銀行預金は、相続が生じた瞬間に、もう相続人の方々のものになっているんです。ですから、そのお金を相続人の方々が引き出したからといって、まったく無権利の財産に手をつけたことにはなりません。そのお金を、相続人の間でどう分けるかの問題は残ってますけれど……。

 そうなんだ？　もう自分のお金なら、堂々とおろしたっていいわけですよね。

 当座のしのぎとしては、けっこう皆さん、そういうおろしかたをされているようです。むろん、相続人の間で不明朗なことが起きないよう、引きおろしの額や支出の明細、領収書などは、よほどきちんとしておかないといけません（預貯金の仮払い制度について次頁の下の欄参照。相続の放棄を考えなければならないケースは106ページ以降参照）。

 さっき叔父が、銀行にはずいぶんいろんな書類を持っていかないと預金は

おろせないぞって、おどかすようなことを言ってたんですが。

それはキャッシュカードを使って便宜的におろすんじゃなく、相続を理由として正式に払戻しや名義がえを請求する場合のことでしょう。

そうなのか……。どんな書類をもっていけば、そういうちゃんとした手続きができるんですか？

銀行で「相続届」という用紙（名前は銀行によって違いがあります）をもらってください。「相続届」をもらって、預金の払戻しか自分の口座への名義がえのどちらかにマルをつけて出せば、手続きをしてくれます。

そのとき何か銀行に持っていかないといけないものがありますか？

まず、亡くなった人の**出生から死亡まで連続した戸籍（除籍）謄本**をもってきてくれと言われます（あるいは法務局で認証を受けた**法定相続情報一覧図**）。それに、**相続人全員の戸籍謄本**も必要です（お父さんとの続柄をみて、相続権のあることを示すためです。未婚でお父さんの戸籍に入ったままの方は不要です）。それと、遺産の分け方を証明するための遺産分割協議書または亡くなった人が書いた遺言書。「相続届」に相続人全員で署名捺印しますから、**全員の実印と本人確認のための印鑑証明書**。あと、お父さんの通帳やキャッシュカードを返却のためにもっていきます。

☞ 預貯金を一定額まで遺産分け前に引き出せる仮払い制度

◎**預貯金の仮払い**⇨相続人どうしできちんと遺産分けする前に、下の額までは各相続人が銀行などから引き出して受け取ることができます（民法909条の2）

預貯金の額×1/3×仮払いを受ける相続人の法定相続分（⇨**56ページ**）

＊ただし1金融機関あたり（支店単位でなく「○○銀行」全体で）150万円までの上限枠あり

7 遺言や書き置きがなければのこされた証書などを探し出して確認します

 父が亡くなったのですが、急なことで、いったい遺産としてどんなものがあるのかわかりません。どうしたらいいでしょうか。

 まず、お父さんの遺言書や遺族への書き置きがないか、文箱や机の引出し、金庫などを探してみるのが先決です。遺言書や、まとめの書き置きがないとなると、相続財産に関する文書や証書のたぐい、あるいは物品そのものを遺族の方が自分たちで探し出して、整理していくほかありません。捜索の目星として、次のようなリストをあげておきます。

[遺産の捜索・整理のためのチェックリスト]
不動産（家と土地）
借地権／借家権
銀行預金
株
債券（国債・公債・社債など）
各種の金融商品／投資ファンドへの預託金
お金を貸しているときの債権
自動車／船舶／航空機
書画骨董類
宝飾品・貴金属
その他の家財道具類／着物類

 一般に、まとまった金額になるのは**不動産（家と土地）**と**銀行預金**です。不動産については、ご自分で所有されている物件なら**権利証（登記済証）**がありますから、まずはそれを探して、本当に亡くなった方が持ち主なのかを確認します（未登記の物件だと権利証がないので、ほかの確認法にな

りますⅢ⇒24ページ）。借地や借家であっても、**借地権・借家権には財産的価値があって、相続もできますから**、チェックが必要です。敷金・保証金は契約終了時に借り主に返還されるお金で（ある程度の差し引きをすることも多いですが）、その返還請求権も相続人が引き継ぎます。探す文書は賃貸借契約書です。

銀行預金だと、預金通帳を見つければいいんですか？

そうですね。通帳をみても、引き出せるお金がいくらあるかは必ずしも正確にわかりませんが、何銀行の何支店に口座があるかははっきりします。株式投資をなさっていた方なら**証券会社からきた取引報告書**などがあるはずです。その証券会社にたずねれば、所有されてる株と、口座の中のお金がわかります。その手の資産は**国債、社債のような債券**もありますし、いろんな**金融商品、投資ファンドへの預託金**とかもあります。あとは**自動車、宝飾品、書画骨董、家財道具**、よそに貸しているお金（**債権**）など。最後の貸金は、**貸金契約書（金銭消費貸借契約書）**や相手が書いた**借用証**があるはずです。

わかりました。家の中を探せば、だいたい見つかるものでしょうか。

たいていは家の中だけですむものですが、大きなおうちや、活発に投資運用していたような方だと、見つけただけで本当に全部か不安な場合もあります（近ごろはインターネットで取引きをしている方も多く、亡くなった方のパソコンの中を探す必要が増していますが、パスワードを教えてくれていなかったりするとたいへんです）。そうしたときのために、もっと徹底した探し方を次の項で説明しましょう。

見つけ出したい主なもの

- ・**不動産の権利証** ⇨ 家や土地の権利や場所がわかる
- ・**銀行預金通帳** ⇨ 預金のある銀行や口座番号がわかる
- ・**証券会社や信託銀行の報告文書など** ⇨ 株・債券の存在や額がわかる

8 登記された物件なら、「登記済証」か 「登記識別情報」があります

不動産（家と土地）をお持ちであれば、それを登記したときの**権利証**（**登記済証**）があるはずです。家を建てたときにする登記（**保存登記**）や、家・土地を買ったときにする登記（**移転登記**）で、そのときの登記申請書に「登記済」の印を押して返されたものが「登記済証」となります。

「登記済証」は、俗に「**権利証**」と呼ばれるとおり、その物件の権利を持つことの証明資料として使われています。売買で物件の所有名義を移すときには、「登記済証」を登記所（物件所在地の法務局）に持っていかなければなりません（相続による名義変更では不要です）。

この「登記済証」には、その物件の所在地や、所有者が誰であるのかが書いてありますから、物件調査のなによりの手がかりとなります。

---

① まずは家や土地の「登記済証」を探し出します。

登記済証

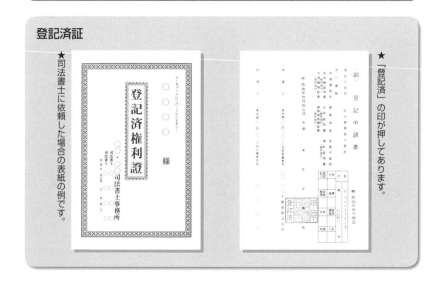

★司法書士に依頼した場合の表紙の例です。

★「登記済」の印が押してあります。

② 「登記済証」のかわりに 「登記識別情報」がある場合も増えています。

現在、全国の法務局（登記所）でコンピュータ化が完了していますが、コンピュータ化がすんだ登記所で新しく登記をする場合には、左にあげた登記済証は渡されません。かわりに「**登記識別情報通知**」という、英字・数字混じりの番号が記された紙が交付されます。ただ、新しい方式というだけで、意味合いは「登記済証」と同じです。

なお、新しい方式に移行後の登記所でも、すでに交付されている「登記済証」は、そのまま有効なものとして使えます。

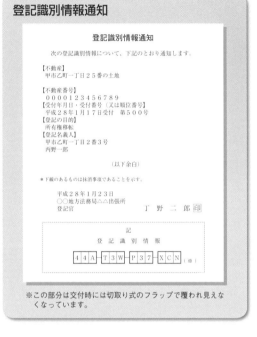

登記識別情報通知

登記識別情報通知

次の登記識別情報について、下記のとおり通知します。

【不動産】
甲市乙町一丁目25番の土地

【不動産番号】
0000123456789
【受付年月日・受付番号（又は順位番号）】
平成28年1月17日受付　第500号
【登記の目的】
所有権移転
【登記名義人】
甲市乙町一丁目2番3号
丙野一郎

（以下余白）

＊下線のあるものは抹消事項であることを示す。

平成28年1月23日
○○地方法務局△△出張所
登記官　　　　　　　　丁　野　二　郎　印

記
登 記 識 別 情 報
4 4 A－T 3 W－P 3 7－X C N （＊）

※この部分は交付時には切取り式のフラップで覆われ見えなくなっています。

「借地権」「借家権」の設定契約書が見つからないときには？

借地権・借家権は、その権利の存在を示すものとして賃貸借契約書があるはずです。しかし、仮に契約書が見当たらなくても、権利まで消えてしまいはしません。その物件を利用している現況からも権利の存在はわかります。ただ、それだけでは契約条件（地代・家賃の額や期限など）が不明なので（相続人は前の契約条件をそのまま引き継いで相続します）、地主・家主さんへの連絡と確認が必要です。高額の保証金をおさめている場合もありますから、貸主側保存の契約書を確かめるなどで用心してください。

9 未登記の物件も「名寄帳」や 固定資産税の課税明細書で探せます

未登記の物件には、当然ながら登記済証（権利証）はありません。あるいは遠方の別荘などを買ったので、当地で登記して登記済証を受け取り、そのままその別荘に置いてある、なんてケースもあるでしょう。

① まずは市区町村役場で「名寄帳」を調べます。

そういう場合に不動産の所在をつかむには、まず、亡くなった人の住んでいる（あるいは、その人が別荘などを買ったと聞いたことのある）市区町村の役場（資産税課）へ行って、「**固定資産課税台帳**」をあたります。その台帳にもとづいて特定の不動産所有者（つまり納税義務者）の持っている不動産をぜんぶまとめて記してある「**名寄帳**」というものがありますから、これを閲覧申請して調べると、その市区町村の中にあるその人所有の不動産はぜんぶわかります（未登記でも、税金を取るために調べて載せてあります）。

② 固定資産税の課税通知も有力な物件情報です。

ただ、この「名寄帳」では、その市区町村の外にある物件の所在まではわかりません。次に探してほしいのは、**固定資産税の課税通知**（そこに添付されている**課税明細書**）です。

日本全国どこに物件があろうと、課税の通知は不動産の持主（納税義務者）のところに集まってきます。課税明細書には、発行元の市区町村にある不動産の所在地がすべて書いてありますから（「名寄帳」と同じ）、送られてきた明細書を全部合わせると、その人所有の不動産が全部わかるわけです。

固定資産税の課税通知は年に１回（６月ごろ）送られてきます。前年の通知が見つからなくても、次の年にはまた通知がきます。ただ、待ってい

ると遺産分割が遅れるので、当面わかっている範囲でおえるのがよいでしょう。

［不動産の探し方］

登記された不動産を探すとき

その物件の権利証（登記済証）を探す。

未登記の不動産を探すとき

亡くなった人の住んでいる市区町村役場の資産税課（東京23区は都税事務所）で、固定資産課税台帳にもとづく「名寄帳」を閲覧する。

〔**申請に必要な書類**〕
・申請者の戸籍謄本など（相続人であることを証明するため）
・運転免許証、健康保険証など（申請者の本人確認のため）
・委任状と本人確認用の免許証など（行政書士などが代行する場合）
〔**閲覧料**〕東京23区は300円

「名寄帳」だけでは、その市区町村の域外にある物件はわからない。

固定資産税の納税通知書（それについてくる課税明細書）を探す。

銀行預金の探し方はどうすればいいですか

10 「名寄せ」により、名義人がその銀行にもつ全口座が洗い出せます

銀行預金の探し方ですが、預金通帳（あるいはキャッシュカード）が出てきたら、それを発行した銀行に口座があることは確かです。ただし、その通帳に記入されているだけの金額が、現にあるかどうかはわかりません。

◎「残高照会」でその銀行にあるすべての預金を洗い出せます

まずはその銀行に出かけていって、実際の口座残高を確認します（どこの支店かは、その通帳に記してある口座のある支店でなくてもかまわない銀行が多数ですが、要確認)。支店の窓口で**残高照会**を依頼すると、依頼人（相続人）が指定した日（通常は口座名義人が亡くなって相続が生じた日）の時点で存在する預金残高を記した証書（**残高証明書**）を交付してもらえます（1通あたり700～800円の手数料)。

「見つけた預金通帳の口座以外にも別の口座をもっているのでは…」と思われるなら、「この口座名義人について**全店照会**でお願いします」と頼みましょう。そうすると、その人がその銀行で開設している口座と預入れ残高のすべてが記録されて出てきます。

預金といっても普通預金、定期預金といろいろですが、預金の種別を問わず、全支店ぶん。さらには、投資用の金融商品であっても、同じ銀行に口座があるかぎりいっしょに出てくるのです（「**名寄せ**」の便利機能)。ただし、即日とはいかず、数日程度はかかります。

この「残高照会」を頼むには、**相続のあったこと、相続人であることを証明できる戸籍謄本**や**本人確認のための免許証**などを持っていかなければなりません（ここで銀行が口座名義人の死亡を知り、口座が凍結されて預金が引き出せなくなることに注意。⇒18ページ)。

なお、この「残高照会」では、当然ながら他の銀行のことまではわかりません。心当たりがあれば、その銀行まで出向いて調べてみることです。

［銀行預金の探し方］

預金通帳が見つかったとき

その銀行（同じ支店でなくてもよい）へ行って、記帳をして、実際の預金額を確かめる。残高証明書を出してもらうこともできる。

その銀行に（通帳はないが）別の口座があると思うとき

「名寄せ」（全店照会）を依頼する。

他の銀行にも（通帳は見つからないが）口座がありそうと思うとき

心当たりの銀行で調べてもらう。

＊亡くなった人の銀行口座が1つでもわかっていれば、その口座から他の銀行に開設した当人の口座に振りこんだ（あるいは他行の口座から亡くなった人が振りこんできた）履歴を調べ、当人が他の銀行にも開設した口座をもつことを突きとめられるかもしれません（先方が何という銀行かまではわからず、振込元と振込先として亡くなった同じ人の名がカタカナで印字されているだけなので限界はありますが）。

　その入出金記録は、見つけた通帳の記入ぶんだけでは期間が短かすぎるようなら、銀行の窓口でその口座について「取引推移表」を出してもらうこともできます（「預金取引明細書」「預金入出金取引証明」など、銀行によって呼び名はさまざま）。申込み日から過去1年とか2年とか、期間を指定して申しこみます（最長で過去10年）。預金の存在以外にも、証券投資口座に運用金を振りこんでいたり、購入した不動産のローンやかけた保険の保険料などを引き落としているなど、亡くなった人の未知の投資行動がつかめることもあります。

11 その株や債券を買った証券会社や信託銀行をつきとめます

◎株や債券は家の中にはありません

　一般には、個人投資家が買いこんだ株や債券というと、自宅の金庫の中にどっさり紙束が積んであるイメージがあるかもしれません。しかし、昔はともかく、いまでは、そんなことはほとんどなくなっています。

　というのも、株や債券は、通常、それを購入した証券会社や信託銀行にそのまま預けておくことが多いからです。そして、株と一部の債券は、証券会社や信託銀行からさらに「証券保管振替機構」（通称「ほふり」）というところに預け替えられていました。

　そういうわけですから、株や債券の売り買いは、その証券会社や信託銀行に設けた取引口座間の振替えでおこない、代金を決済して、名義を移すだけです。いちいち現物を引き渡すようなことはしないのです。

　したがって、家の中にあるとすれば、次のようなものです。

- ・証券取引口座の開設案内書・約定書
- ・株売買の取引報告書
- ・取引残高報告書
- ・発行会社から株主への事業報告書／配当通知書／中間配当通知書
- ・発行会社の株主総会の招集通知書

　これらを探すのは、亡くなった人が取引きをしていた証券会社をつきとめるためですから、何かひとつでも見つかればOKです。ネットでの株取引きでは、取引報告や残高報告などはパソコンの中にデータとしてあり、紙の文書では残っていないことも多いでしょう。

　取引きのあった証券会社をつきとめることができれば、**亡くなった人がその証券会社にもっていた口座を、銀行と同様に「名寄せ」（取引照会）を頼むことで、すべて洗い出すこともできます。**

なお、株を持っていれば株主ですから、**その株の発行会社からも事業報告書や株主総会の招集通知書などの書類がきているはずです**。ただ、相続人への株の名義変更は、上場会社では株を買った証券会社を通じて行うので、その証券会社をつきとめることが第一です

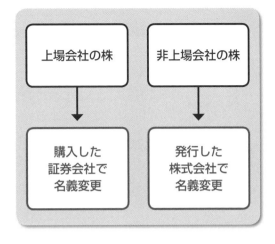

（一方、非上場会社の株は、その会社に連絡して、株主名簿の名前を、亡くなった人から相続人へ書き換えてもらうことになります）。

◎債券の探し方は？

債券（国債・地方債や社債）も、亡くなった人の自宅に債券証書そのものがあることはまれで、それを購入した信託銀行などで保護預かりになっていることが多いでしょう。家の中で探す目当ては、次のようなものです。

- ・債券の保護預かり通帳
- ・債券の取引残高報告書・利払い報告書

◎投資信託などの金融商品の探し方は？

投資信託など、投資ファンドへの預託金、そのほかさまざまな金融商品を探すとき手がかりになる書類も、株に準じて考えればよいでしょう。名義変更についても同様です。探す目当てとしては、次のようなものがあります。

- ・取引口座の開設案内書・約定書
- ・金融商品の運用報告書
- ・取引残高報告書

12 上場会社の株はすべて 「ほふり」か「特別口座」にあります

◎上場会社の株券がなくなりました

2009年1月以降、この世から株券というものが消えてしまいました。

　もともと証券取引所に上場していない会社は株券を刷らないことが多いのです。そして、2009年1月からは、上場している株式会社もすべて株券を発行しなくなりました。

　上場会社の株はなくなってしまったのでしょうか？　そんなことはありません（株式会社なのですから）。株式がなくなったのではなく、株券がなくなったのです。株は、紙の「券」ではなく、電子的な「情報」となって、証券保管振替機構（通称「ほふり」）というところのコンピュータの中に入っています。これを「**株券の電子化**」といいます。

◎上場株券は紙クズになっても権利は「特別口座」で生きています

　新しく発行される上場株はもちろんのこと、発行ずみの紙の株券も、上場会社のものはすべて「電子情報」となりました。どういうことかというと、もともと「ほふり」に預けてあった株券（上場株式の約8割）は、そのままそこで「電子化」の処理をし、「ほふり」のコンピュータの中におさめられました。そして、そうでない株券（株主の自宅などに置いてある「タンス株」）は、その「券」そのものは無価値（紙クズ）になったのです。

　株券が紙クズになったからといって、株主の権利まで消えてしまったわけではありません。**株主としての名義（つまり株主としての権利）は、処理を請け負っている信託銀行などの「特別口座」に自動的に移されて、管理されています。**配当を受け取る権利も、株を売る権利も、もとのままです。

　ただ、「特別口座」に入ってしまった株を、その口座からじかに売却することはできません。売却するためには、その株式名義を、証券会社の口座へ振り替えなければなりません（口座がなければ新規に開設します）。

◎相続人として注意すべきことは？

　以上のことから、相続人としての注意点をあげると、2つあります。

　1つめは、家の中で株や債券証書の現物を探しても、まず出てこないということ。とくに**上場会社の株式は09年1月以降、電子情報となって、必ず「ほふり」か、信託銀行などの「特別口座」にあるのです。**

　「ほふり」にある株は、その株を買った証券会社を相続人がつきとめ（亡くなった人あてにきた口座開設報告書や取引報告書を見つけて）、その窓口で相続人への名義変更手続きをします（証券会社は「ほふり」とネットで連携しています）。債券も、窓口が信託銀行などにかわるだけで、名義替えの手続きは株と同様です。

　株が信託銀行の「特別口座」にあるときは、相続人であることの証明書類（戸籍謄本など）をもっていって、相続人の名義に変えてもらいます。株を売却するには、証券会社へ口座を振り替えることが必要です。

　2つめは、万が一、家の中で株券（タンス株）を見つけても、それが上場株であれば、すでに「紙クズ」だということ（非上場会社の株は紙の株券として立派に生きているので要注意）。その上場株式を相続するには、上にあげた「特別口座」を設けた信託銀行へ連絡して（どこの銀行かは株の発行会社に聞くか、発行会社からきているはずの「特別口座開設のお知らせ」をみるとわかります）、名義変更手続きをしなければなりません。

　困るのは、亡くなった人が「タンス株」の名義替えをしておらず、発行会社の株主名簿に前の持ち主の名前が載っているときです（転売目的の株売買ではよくあることです）。別人の名がそのまま「特別口座」の名義にもなりますから、その株を相続するには、権利の証明に非常に手間どります。

> ### 家の中に上場会社の「タンス株」があったとき

> **名義が亡くなった人と一致しているかどうかをすぐに確認。名義が別人だと、現名義人によって売却されてしまう恐れがあります。**

13 社会保険事務所に「死亡届」を出して死亡後の支給を止める必要があります

 先日亡くなった父の年金について、なにか手続きが必要なんでしょうか。

 遺族の方が年金事務所か年金相談センターで「**年金受給権者死亡届**」を提出して、支給を止める必要があります。年金証書と、死亡診断書（あるいは死亡の事実がわかる戸籍抄本）をお持ちになって、手続きをしてください。(*)

*受給権者のマイナンバーが日本年金機構に通知されていれば、死亡届との番号リンクにより年金事務所への死亡届を省略可。

 わかりました。いつまでに行けばいいんですか。

 国民年金だけなら、亡くなられてから**14日以内**です。**厚生年金の場合は10日以内**となっています。といっても、遺族の方がすぐ動けない事情（お体が悪いとか）もあるでしょうから、まずは先方の事務所に電話して、ご逝去の事実とお名前、わかるなら年金番号などの情報を伝えればよいでしょう。

 でも、極端な話、次の年金受給日が死亡日の翌日とかってこともありうるでしょう？　そんなときだと、ついうっかり止め忘れたりだとか……。

 その支払いは、もう生前に権利が生じたぶんなので、支給を止める必要はありません。年金は偶数月の15日に、前の2か月ぶんを後払いするからです（たとえば4月15日には2月分と3月分が支払われるのです）。

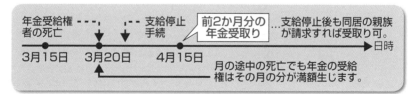

未支給になっている年金を受け取るにはどうすればいいですか

14 いっしょに暮らしていた遺族は給付請求書を出せば未支給ぶんを受け取れます

亡くなった者の年金を止めると、未払いぶんが生じるので、遺族は忘れないように請求しないといけないと聞いたんですが、どういうことでしょうか。

年金の受給権は、受給権者が亡くなった月のぶんまで生じます。社会保険事務所に「年金受給権者死亡届」を出すと、それ以降の支払いが止まりますが、その月のぶんと、タイミングによっては前月のぶんまで（2か月に1度のまとめ払いなので）、亡くなった人に権利があるのに支払われないまま残ってしまうことがあります。

　それで、その未払いのぶんは、「**未支給年金・保険給付請求書**」を出せば、亡くなった人と生計を同じくしていた（いっしょに暮らしていた）遺族の方が受け取れるしくみになっているんです。「遺族」の範囲は、配偶者（妻・夫）、子、父母、孫、祖父母、兄弟姉妹、その他3親等内の親族（おじ・おば、甥・姪など）であって、相続人以外の方も含みます。受け取れる優先順位もこの順番です。

なるほど……。「生計を同じくしていた」ことが条件なんですか？

はい。ですから、亡くなった人の**年金証書**、死亡診断書のほかに、亡くなった人と請求する人の身分関係がわかる**戸籍謄本**、生計を同じくしていたことのわかる**住民票**（もしくは給付請求書の証明欄に**民生委員**や家主さん、**町内会長**などの署名・押印）をそろえて提出してください。

ココがだいじです！

未支給の年金を遺族が受け取るには
「生計を同じくしていた」ことの証明が必要です。

15 夫の年金の報酬比例部分の3/4が、遺族年金として支給されます

 先日亡くなった父は長く会社勤めをしてきたおかげで、わりと恵まれた額の年金を受け取り、それで母との暮らしを成り立たせてきました。父が亡くなって、その年金が受け取れなくなると、今後の母の生活資金がどうなるのか心配です。

 そういう場合なら、亡くなった方の奥さんに「**遺族厚生年金**」が支給されるようになります。年金額は減りますが、あまり心配はいらないと思います。

 そうはいっても、どれくらいもらえるものでしょうか。

 おおまかに言えばですが、**亡くなられたお父さんが受け取っていた老齢厚生年金の報酬比例部分の3/4の額**です。これに、年齢などの条件に応じて一定の加算がつく場合があります。それに、お母さんが65歳に達しておられるなら、**ご自身の老齢基礎年金**を受けられますからね。

　遺族年金も、普通の年金と同じく、自動的には支払いが始まらず、こちらから支給の請求（**裁定請求**）をしなければなりません。忘れず早めに手続きをするようにしてください。

> **遺族厚生年金の裁定請求の手続き**
> 社会保険事務所に、次のような書類を提出して支払いを請求します。
> ・遺族給付裁定請求書
> ・年金受給者死亡届
> ・年金手帳
> ・戸籍謄本（全部事項証明書）…など
> ★国民年金加入の自営業者などの場合は市区町村役場で手続きします。

亡くなった人の妻に支給される遺族年金の種類

＊亡くなった夫の収入で生計を維持していた専業主婦の場合

◆自営業（国民年金）の夫が亡くなったとき

・子のいる妻　⇨　遺族基礎年金

【遺族年金額】

781,700円（年額）　＋　子の加算

第１子・第２子⇨各224,900円

第３子以降　　⇨各75,000円

＊「子」とは18歳に達した年度の末日（３月31日）を経過していない子（一定の障害のある場合は20歳未満の子）をいう。18歳の誕生日を過ぎても、年度末の３月31日（子の高校卒業）までは支給する。未婚が条件となる。

＊夫の被保険者期間または老齢基礎年金の受給資格期間が25年以上あること。かつ保険料未納期間が加入期間の1/3未満であることが条件（原則）。

・子のいない妻　⇨　寡婦年金

選択

死亡一時金

【寡婦年金額】

夫がもらえるはずだった老齢基礎年金額の3/4（ただし支給は60歳〜65歳の５年間）

＊遺族基礎年金を受給できない「子のいない妻」（子がいても18歳到達年度末を過ぎていて遺族基礎年金をもらえない場合も含む）のために、妻自身の65歳からの老齢基礎年金受給までの「つなぎ」として支給される。

＊寡婦年金の受給要件には、夫の国民年金加入期間が10年以上、結婚生活10年以上などがある。

＊死亡一時金は、夫が国民年金の保険料を一定月数以上（最低36月）納付していたのに老齢基礎年金・障害基礎年金を受けずに亡くなった場合に、12万円〜32万円支給される。

◆サラリーマン（厚生年金）の夫が亡くなったとき

・子のいる妻　⇨　遺族基礎年金

遺族厚生年金

【遺族年金額】

遺族基礎年金額は左と同じ。

遺族厚生年金額は、夫の年金の報酬比例部分の額 × 3/4

＊「子」の意味は左と同じ。

＊遺族厚生年金は子の有無にかかわらず受け取れる（下の欄を参照）。

＊妻は年齢にかかわりなく受給できる（夫は55歳以上が条件）。ただし、夫の死亡時に30歳未満かつ子のいない妻は５年間の有期給付。

＊保険料未納による不支給の条件は遺族基礎年金と同じ。

・子のいない妻（40歳未満）　⇨　遺族厚生年金

・子のいない妻（40歳〜 64歳）　⇨　遺族厚生年金

中高齢寡婦加算

＊中高齢の加算額＝586,300円（年額）

＊「子のいない」には、子どもがいるにはいるが18歳到達年度末を過ぎたために遺族基礎年金が支給されなくなった場合を含む。

＊妻が65歳になると、自らの老齢基礎年金を受給できるため、中高齢寡婦加算はなくなる。なお、昭和31年４月１日以前生まれの人は、自らの老齢基礎年金の額が中高齢寡婦加算額未満なら、同じ額になるまで「経過的寡婦加算」が追加支給される（65歳以降に夫が死亡し中高齢寡婦加算を受けていない場合にも、同様の追加支給がある）。この年代の専業主婦は国民年金に任意加入で、自らの基礎年金額が低い人が多いゆえの救済措置。

▶金額は令和２年４月分から

16 保険証書を見つけ出して保険会社に支払いを請求します

 亡くなった父が生命保険をかけていたような気がするんですが、くわしいことを聞いてなくて、気になっています。どうしたらいいでしょうか。

 そうすると、その保険の**保険証書**があるはずです。それを探し出して、保険会社の名前や契約の内容を確かめてください。支払われる保険金額や、受取人が誰かということも、その証書に書いてあるはずです。

 父の部屋など、ありそうなところは探してみたんですが、見つからなくて。

 お父さんが保険をかけておられたとすると、お父さんご本人が保険料を支払っておられたでしょうから、お父さんの預金通帳がわかっていれば、その記帳記録で保険料の振込み先を確かめられます。保険会社の名前がわかれば、仮に保険証書を見つけ出せなくても（よく探せば必ずあるとは思いますが）、その保険会社に連絡して、保険金受取りの手続きができます。

 わかりました。ところで、今回の相続では、相続人として母と私、妹がいるのですが、支払われた生命保険金は、相続人みんなで分けるんでしょうか。

 それは、受取人の指定がどうかによって変わります。普通の生命保険だと、保険契約者（保険をかけた人）が家族の誰かを保険金の受取人として指定して、自分が亡くなったらその人に保険金が支払われるようにしてあります。その手の保険なら、**保険金は指定された受取人だけのものです。遺産の相続にはあたりませんので、相続人の間で分配する必要はありません。**

 1人だけ多額の保険金を受け取るのは、不公平な感じもしますけれどね。

遺産を片寄った分け方で分けるわけではありませんから、相続について不公平があることにはならないんです。

ただ、あなたが指摘された点は、実際にもめて裁判になったんですよ。そして、あまりに保険金の支払い額が大きく、相続人の間で不公平感が極まるときには、保険金受取人の遺産の受取り分を減らして、バランスをとるべしとした判決が出されています（最高裁・平成16年10月29日）。

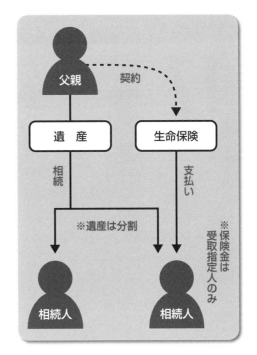

なるほど、わかりました。先ほど、保険金の受取人の指定によっては支払われた保険金を相続人の間で分けることになるとお聞きしましたが、それはどういうことでしょうか。

共済組合（都道府県民共済や全労済など）の**共済保険（死亡保障）**では、保険金の受取り人を、特定の誰かではなく「相続人」とする例が多いのです。その場合には、相続人全員で保険金を受け取って分け合うことになります。ただし、これも**遺産の相続ではなく、契約で指定した人への支払い**に違いありませんので、**法定相続の割合などの適用はなく各人頭割りが原則です。**[*]

*種類によっては受取人の順位や異なった受取り割合が決められているので、確認してください。

 ココがだいじです！

生命保険金は相続財産ではないので、
指定された受取人が1人だけで受け取れます。

17 保険金の受取人が被保険者より先に亡くなる と受取人の保険金請求権が相続人に移ります

生命保険の契約は、①**保険契約者**（＝保険料を支払う人）、②**被保険者**（＝その人が死ぬと保険金が指定先に支払われる立場の人）、③**保険金の受取人**の３者の関係で成り立っています。

よくあるのは、たとえば夫（＝①・②）が、妻（＝③）を保険金の受取人とし、自分を被保険者として保険契約を結ぶ（保険契約者となる）、というかたちです。この場合には、夫が死んだとき生命保険金を受け取れるのは妻だけで、たとえば子どもが共同相続人とし

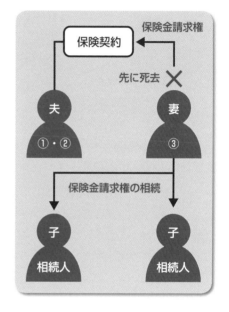

ていたとしても、保険金の分け前を受け取ることはできません。

◎受取人が亡くなると保険金請求権が受取人の相続人に相続されます

しかし、場合によっては、保険金が相続財産となって、遺族に相続されることがあります（保険金といっても、この場合は現実のお金ではなく、**保険金を請求する「請求権」**です）。

たとえば、上の例で、夫よりも妻の方が先に亡くなってしまったというケースです（上の図を参照）。この場合、妻がもっていた夫の生命保険金の受取権は、妻からの相続財産として、妻の子どもたちに相続されます。その後に父親が亡くなれば、子どもたちはそれぞれの相続分に応じた生命保険金を保険会社から受け取れるのです。[*]

*ただし、その保険の約款が別の定めを置いている場合はそちらが優先されますから、確認が必要。

18 自営業の場合は、相続人が相続開始後 4か月以内に「準確定申告」をします

 会社や役所勤めのサラリーマンではなく、自営で収入を得ている方は、歴年（1月1日〜12月31日）1年ぶんの所得を、翌年3月15日までに税務署に**確定申告**することになっています。

しかし、ある年の途中で亡くなられた方の確定申告は、その年の1月1日から亡くなった日までの所得を、相続開始後4か月以内に、相続人が税務署に申告しなければなりません。この申告のことを、「**準確定申告**」と呼んでいます。

「準確定申告」は、亡くなった人の納税地（通常は住所地）の税務署でおこないます。このとき、確定申告書とともに、相続人全員がそれぞれの氏名・住所や相続割合などを記した「**付票**」を提出します（税金の納付義務をそれぞれの相続分に応じて負うことになるからです）。

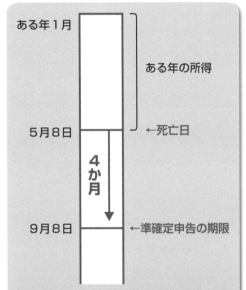

ある年1月

ある年の所得

5月8日　←死亡日

4か月

9月8日　←準確定申告の期限

＊死亡時がこの年の確定申告の前で、前年の申告がすんでいないときは、前年分もあわせて相続人が申告します。

亡くなった人がサラリーマンなら

「準確定申告」は必要ありません。
（給与・退職金以外に20万円超の所得があるときなどは例外）

19 亡くなった人の出生から死亡までの戸籍謄本 など多くの資料をそろえる必要があります

父が亡くなったのですが、相続の手続きをするために、誰が相続人になるのかを調べて確定しなければいけないと聞きました。でも、民法の法定相続の規定（887条〜890条）をみれば、相続人になるのは、母（亡くなった父の妻＝配偶者）と、子どもである私と妹だということはわかります。それ以上に、なにか調べることがあるのでしょうか。

お父さんのお書きになった遺言がないということですから、民法の規定に従った法定相続になることは間違いありません。相続人となるのがお母さんと、子どもであるあなた方ごきょうだいであることもそのとおりです。

　普通だったらそれですむ話なのですが、世の中、万が一ということがあるから油断ができません。それで、**お父さんの戸籍を調べていただくこと**になります。

戸籍の調査ですか？　それはいったい、なんのために……？

一般論ですから気を悪くしないでほしいのですが、もしも亡くなった男性が奥さん以外の女性との間に子どもをもうけ、ないしょで**認知**（自分の子と認めること）をしていたとしたらたいへんです。その子も相続権をもちますから、ほかの子どもたちの相続分が減ってしまいます。それに、遺産分割をするときに、**その認知された子も参加させないと、遺産分割協議を成立させられないことになります**（⇨130ページ）。

隠し子がいるかもしれないってことですか。しかし、父にかぎってそんなことが……。

そのとおりとは思いますが、遺産分けが終わったあとで認知された隠し子の存在がわかったりしたら、手続きは全部やりなおしです。戸籍なんか、普段は見もしないし、新しい記載があってもいちいち家の方に連絡はきません。ですから、念には念をいれて、手続きを進める前に戸籍を洗って、相続人はほかにはいないんだと確認しておかないといけないんです。

 ……まあ、父も男ですからね。可能性としては、隠し子がいるなんてことも、絶対ないとはいえないでしょうけど。

 知らないうちに**養子**がいた、なんてことも、世間にはある話なんです（養子は実の子とまったく同じ相続権をもちます）。そういうわけで、遺産分けが終わって遺産の名義を相続人のところに移すときには、登記所や銀行などに対して、**亡くなった人の「出生から死亡まで」連続した戸籍（ないしは除籍）**の写し（⇒くわしくは44ページ）の提出を求められます。^{（＊）}

＊法務局の法定相続情報証明制度を利用すれば、認証を受けた相続人一覧図を渡すだけですみます。（⇨48ページ）

 たしかに、遺産分割や名義変更をおえたあとで、全部やり直しになったらたまりませんからね。

 そのとおりです。相続権のある隠し子が100％存在しないと戸籍をみて確かめることは、遺族にとっても、手続きに応じる機関にとっても必要なことなんです。
　とはいうものの、戸籍というものはけっこうややこしくて、いくつもの種類の写しをとってこなければなりませんし、そもそもどこの役所へいけば探している戸籍があるのかわからない場合すらあります。その点については、次のページで説明します。

 ココがだいじです！

「出生から死亡まで」の戸籍をそろえるには亡くなった人本人の戸籍のほか、その親の戸籍までとらなければなりません。

20 戸籍のほかにも除籍、改製原戸籍というものがあります

戸籍というものは、結婚すると夫婦で自分たちの新しい戸籍をつくり、子どもが生まれたら同じ戸籍の中に記載する、という「夫婦と子ども」単位のしくみです。その子どもが結婚をすると、新しい戸籍を作って、もとの戸籍を出ていきます。結婚しなければ親の戸籍の中にい続けるわけですが、「分籍」といって、自分1人の戸籍を作って出ていくこともできます。

戸籍にのっている人が新しく自分の戸籍を作って出ていったり、あるいは亡くなったりすると、もとの戸籍から抹消されます。このことを「除籍」といっています（反対の言葉が「入籍」です）。

全員が亡くなったり出ていったりして戸籍がカラになった場合、あるいは「転籍」といって本籍地ごと別の区域に移した場合、もとの戸籍そのものを「除籍」することになります。戸籍を「除籍」しても、すぐには捨てず、除籍簿というものにまとめます。そして、向こう80年程度は保存します。

なぜ保存するのでしょう。二人めの親が亡くなって、子どもたちも全員、結婚するか分籍するかしていると、その戸籍はカラになります。その場合、子どもたちが相続人確定のために戸籍を調べるときには、この除籍簿をあたることになるのです。**手に入れるべきは「戸籍謄本」ではなく、「除籍謄本」ということになります**（「謄本」とは「全部の写し」という意味）。

◎戸籍はいくつかの理由によって切れ切れになっている

戸籍には、さらに面倒なことがあります。戸籍は平成6年以降、昔ながらの紙とじの帳簿から、電子情報として役所のコンピュータ内へ移されつつあります。それで、書式が縦書きから横書きになり、「謄本」という言葉が「全部事項証明書」に変わりました。戸籍謄本は「戸籍全部事項証明書」、除籍謄本は「除籍全部事項証明書」という名前になっています。

まあ、言葉の違いはたいしたことでもないのですが（「トウホン」の方が

言いやすいので、電子化後も慣用されています）、問題は紙の帳簿から電子戸籍に移すさい、紙の帳簿にはのっていた除籍者（結婚するなどでその戸籍を出た子どもなど）の名前（×印で消されているが、存在はわかる）が、新しい電子戸籍には転記されず、消え去っているのです。昭和32年からの改製でも（これは紙から紙への転記ですが）同じ問題が起きています。

　現にいない者はわざわざ×印をつけてまで転記しない処理なのですが、これだと転記後の戸籍をみただけではその親に子どもがいるかどうかわかりません。それゆえに、新しい戸籍のみならず、作りかえる前の古い戸籍（＝改製原戸籍）まで調べ、両方の写しをとらないといけないのです。[*]

*改製「原戸籍」は声に出して読むと「げんこせき」となって、最終・最新の「現戸籍」とまぎらわしくなるので、便宜上「はらこせき」と呼んで区別する窓口もあります。

◎相続人となった子は親の戸籍と祖父母の戸籍を調べないといけない

　そもそも子が親の戸籍を調べる目的は、親が夫婦の関係以外でつくった子（あるいは養子）が戸籍にのっていて、相続人として出てきはしないかを確かめるためです。それで、親の未婚時（最初はそのまた親＝祖父母の戸籍に入っている）から死亡時までの連続した戸籍ないし除籍（加えて改製原戸籍）をぜんぶ調べ上げることを求められます。**子としては祖父母の戸籍までたどってはじめて、親の出生から死亡まで戸籍を「連続」させられるのです。**

　戸籍の「連続」とは、戸籍から除籍への移転、紙の帳簿（改製原戸籍）から電子戸籍への移転、あるいは転籍のあと先で戸籍が切れ切れになっているのを、最終（最新）の戸籍・除籍から逆にたどって、すべてつなげるという意味です。移したあとの戸籍（除籍）には、どこの戸籍から移ってきたのかが必ず記されていますから、さかのぼる作業が可能なのです。

子どもが相続するとき、調べるべき戸籍・除籍は？

親の戸籍（両親ともになく、子も戸籍内にいないときは「除籍」）
　＋改製原戸籍（電子化ずみの役所）
　＋親の結婚前の、祖父母の戸籍（戸籍がカラになっていれば「除籍」）

＊途中で転籍していれば転籍前の除籍を調べて連続させます。

「戸籍を出生から死亡まで連続させる」とは？

　遺産の登記名義や銀行預金の口座名義を相続人の名義に変える手続きをするとき、「被相続人（亡くなった人）の出生から死亡まで連続した戸籍謄本（全部事項証明書）を提出してください」というふうに求められます。

現在の戸籍から逆にたどって、すべての謄本をとることで「連続」させます。
戸籍には前の本籍地が書いてあるので、さかのぼることができます。

| （現在） | | 戸籍D | ← ── 亡くなった人の現在の戸籍です。 |

死亡（現在）

さかのぼります

転籍

結婚

出生（過去）

さかのぼって全部そろえます

出生から死亡まで連続した戸籍

戸籍D ← ── 亡くなった人の現在の戸籍です。

戸籍の電子化（改製）

平成6年以降、電子化により戸籍が新しくなっています。改製以前の内容で転記されない部分があるので、前の戸籍もとることを求められるのです。

戸籍C

電子化以前の戸籍が「改製原戸籍」です。

転籍

離婚などの理由で、本籍を別の市区町村に変える（転籍する）と、戸籍が新しくなります。

戸籍B

結婚による新戸籍編成

結婚すると、親の戸籍を出て、自分たち夫婦の戸籍を作ります。

戸籍A ← ── 出生によって入籍した最初の戸籍です（親の戸籍に入ります）。

＊「戸籍を出生から死亡まで連続させる」のは、亡くなった人の「隠し子」の存在を確かめるためですから、本当は生殖能力がそなわる10歳くらいからの戸籍がとれれば間にあうのですが、戸籍は年齢で区切れているものではないので、出生時からとることになるのです 。

21 亡くなった人の住所地に戸籍もあるとはかぎりません。

親から子どもへの相続があったとして、相続人確定のために親の戸籍を調べるには、親の本籍地の市区町村役場の戸籍係にいけばいいのです。しかし、それではその「本籍地」はどこなのでしょうか。

これは、現に住んでいる場所でなくても、日本全国どこでもいいことになっています（富士山の頂上という人もいます）。当初は住所地と本籍地が一致していても、転居すれば本籍は残したまま住所だけ移るのが普通です。

一番の情報源は**住民票**です。まず**親の住所地の役所で親の住民票（死亡届け後は住民票の「除票」）**をとります。申請用紙の中に「本籍・続柄」まで記載するかどうかを聞く欄があり、「記載する」をチェックすると、**親の本籍地＝戸籍のありかまでのっている住民票**がもらえるのです。相続人であることが証明できる相続人本人の戸籍謄本（父母欄に亡くなった親の名前が書いてあるので相続関係がわかる）をもっていってください。

◎祖父母の戸籍のありかは親の戸籍をみるとわかる

相続人を確定するためには、親の親、子どもからすれば祖父母の戸籍までとることを求められます。これは、親が未婚のときに子どもをつくっていないかどうかの確認の問題です。

亡くなった男親が、まだ未婚で自分の親（相続人の祖父母）の戸籍に入っているときに子どもをつくり、その子を「認知」していたとします（認知するとその子に認知した父親からの相続権が生じます）。認知した子の存在は、その戸籍に身分事項として付記されます（子どもの籍はその子の母親が自分の親の戸籍を出て作ることになる新戸籍に入ります）。その後、父親が別の女性と正式に結婚して夫婦の新しい戸籍をつくったとき、認知した子の存在はこの新戸籍に転載されないので、この新戸籍だけみても、認知した子どもの存在はわかりません。相続人は、親の戸籍（結婚以後につい

ての記載）のみならず、親の親の戸籍（親の未婚時についての記載）まで調べなければ、「相続権をもつ見知らぬきょうだい」の存在を洗い出せないのです（可能性の問題としては、父親が生前に認知しなかった子が、父親の遺言や自分自身の訴えによって認知を認められるケースがあり、これは戸籍の記載からはつかめません）。

ところで、祖父母の戸籍のありかがわからないときはどうすればいいのでしょうか。親の戸籍がとれれば、そこに祖父母の戸籍のありかも書いてあります。あるいは、祖父母の住民票の除票（本籍つき）をとります。

◎亡くなったきょうだいの戸籍を探すにはどうするか

身寄りのない人が亡くなって、その人のきょうだいが相続人になるケースがあります。相続人となったきょうだいは、何年も会わなかった自分の兄や妹の戸籍を調べなければならないのですが、その人の現在の本籍地は漠としてわからない、という場合、どうしたらいいでしょうか。その人の住所地で「本籍つき」の住民票がとれるなら話は簡単です。問題は、きちんと住民票を、いまの住所地に移してくれていない場合です。

そうしたときは、自分たちの親の戸籍からたどる方法があります。

親の戸籍（ないし除籍）をみると、もとはその中にいたきょうだいが結婚して戸籍を出ていっていたり、未婚のまま親の戸籍の中にい続けたりするのがわかります。戸籍を出ていっていれば、出ていった先の新しい本籍地が親の戸籍に書いてあります。そこからさらに転籍などで動いていても、追いかけて最終の本籍地を探し出せます。親の戸籍の中に亡くなった当人が居残っているなら、その戸籍がそのまま亡くなった当人の戸籍です。

亡くなった人の本籍地を調べたいとき

亡くなった人の「住民票の除票（本籍地つき）」をとれば、本籍地＝戸籍のありかがわかります。

戸籍のサンプル

婚外子（乙山玲奈）を認知した父親（甲原太郎）の戸籍の例（抜粋）

戸籍に記録されている者	【名】太郎
	【生年月日】昭和○年○月○日
	【父】甲原和雄
	【母】甲原良子
	【続柄】次男

> 認知をした父親＝甲原太郎の名前と、その太郎の両親、続柄の記載。

身分事項	
出　　生	【出生日】昭和○年○月○日
	【出生地】広島県広島市安佐南区
	【届出日】昭和○年○月○日
	【届出人】父
	【送付を受けた日】昭和○年○月○日
	【受理者】広島市安佐南区長

> ここは甲原太郎の出生について記載する欄。

婚　　姻	【婚姻日】平成○年○月○日
	【配偶者氏名】丙川由美子
	【従前戸籍】埼玉県川越市○○町○丁目○番
	丙川清

> 父親の甲原太郎は丙川由美子と正式に結婚し、この夫婦戸籍を作っています。

> 結婚前に由美子が入っていた実家の戸籍。

認　　知	【認知日】令和○年○月○日
	【認知した子の氏名】乙山玲奈
	【認知した子の戸籍】
	東京都中央区八丁堀○丁目○番
	乙山小百合

> 認知した子の情報が、この欄を設けて記載されます。

> 認知した子（乙山玲奈）が入っている母親（乙山小百合）の戸籍。

法定相続情報証明制度の利用のしかた

◎複数の手続きを法務局認証の「一覧図」で一括・カンタン処理

　相続人が相続した銀行預金の名義変更・払戻しや不動産の移転登記などをするには、被相続人（亡くなった人）の出生から死亡時までの戸籍（戸籍の中に登載者がいなくなった場合は「除籍」）の謄本（全部事項証明書）をすべてそろえなければなりません。

　しかし、名義変更を要する遺産が不動産や銀行預金など多数にわたると、前もって必要な数だけ戸（徐）籍資料一式をそろえるか、あるいは一件ずつ手続きをおえるごとに資料の返却を受けてから次の手続きに進むか、いずれにせよ手間・暇・費用がすごくかかってしまいます。**法定相続情報証明制度**は、このようなコストを軽減するために設けられました。

　といっても、最初に一度だけは亡くなった人の戸籍資料一式を集める手間をかけなければなりません。さらに亡くなった人と法定相続人全員の関係を示す図（**法定相続情報一覧図**）を作成して、戸籍と共に法務局に提出します。法務局はその関係図を戸籍資料の束と突き合わせ、図の内容が正しいと確認できたら保管しておいてくれますので、相続人は必要があるたびに認証文つきの写し図の交付を受けて相続手続きに使うことができます。

　その写しを手続きの窓口に提出するだけでよく、いちいち戸籍の束を集めて持ちこむ必要はありません。

◎具体的な利用手続きは…

① **以下の書類を法務局へ提出します。**

　・**被相続人が生まれてから亡くなるまでの一連の戸(除)籍謄本**

　　＊結婚や転籍、戸籍の電子化などで作り変えられた戸籍をさかのぼってつなげ、そろえたもの。

　・**その戸籍の記載にもとづいて相続人が作成した法定相続情報一覧図**

　　＊作成は相続人の親族や弁護士、司法書士、行政書士、税理士などの代理人がしてもOK。

　・**相続人全員の住民票の写し**

　　＊相続人の住所も載せたい場合に提出します。

〔法定相続情報一覧図のサンプル〕

法定相続情報番号　００００-００-０００００

被相続人甲野太郎法定相続情報

最後の住所　〇県〇市〇町２丁目６番地

最後の本籍　〇県〇市〇町〇丁目〇　　　住所　東京都〇〇区〇町４丁目７番５号

出生　昭和１３年５月２８日　　　　　　出生　昭和４１年１０月１２日

死亡　令和元年〇月〇日　　　　　　　　（長男）

　（被相続人）

甲野　太郎　　　　　　　　　　　　　　甲野　一郎

　　　　　　　　　　　　　　　　　　　住所　〇〇県〇〇町1丁目2番3号

住所　〇県〇市〇町２丁目６番地　　　　出生　昭和４３年３月８日

出生　昭和１７年７月２日　　　　　　　（長女）

　（妻）

甲野　春子　　　　　　　　　　　　　　乙川　夏代

以下余白

> 亡くなった甲野太郎さんと法定相続人である妻の春子さん、子の一郎さん、夏代さんとの関係を示します。

作成日　令和元年〇月〇日

作成者　行政書士　丙山和雄　㊞

事務所　東京都〇〇区〇町２丁目１番

　これは，令和元年〇月〇日に申出のあった当局保管に係る法定相続情報一覧図の写しである。

令和元年〇月〇日

〇〇法務局〇〇出張所

> 法務局で戸籍と照合してチェック済みということです。

登記官　　丁原　登記夫

職印

注）本書面は，提出された戸除籍謄本等の記載に基づくものである。相続放棄に関しては，本書面に記載されない。また，相続手続以外に利用することはできない。

整理番号　Ｓ０００００　1／1

・被相続人の最後の住所を確認するための住民票の除票など

　＊提出をする法務局は、次の地を管轄する法務局のいずれか。代理人による
　提出でもよく、郵送で提出することもできます。

　　ⅰ）被相続人の本籍地、ⅱ）被相続人の最後の住所地、ⅲ）申出人の住所
　地、ⅳ）被相続人名義の不動産の所在地

② **登記官が①の内容におかしな点がないか確認し、認証文を付した「法定相続情報一覧図」の写し（＝被相続人○○○○法定相続情報）を相続人に交付します。**

・何通でも必要な通数が交付され、手数料はかかりません。

・提出した戸籍謄本等は返却されます。

・「一覧図」の保管期間（５年間）内なら写しの再交付もしてもらえます。ただし再交付の申出ができるのは、当初に「一覧図」の保管等申出をした相続人のみ。他の相続人が再交付を申し出るには、当初の申出相続人からの委任が必要です。

◎相続手続きを進めるには他の文書も必要

　この「法定相続情報」を相続手続きの窓口に提出すれば、いちいち戸籍資料一式をそろえて持ちこむ必要はなくなります。ただ、預金の名義変更や相続登記などが、この文書を提出しただけで終わるものではないことはもちろんです。遺産の受取り先（誰がどの遺産を受け取る権利をもつか）を証明する**遺産分割協議書**、あるいは**遺言書**、(相続を放棄した人がいるときは)**相続放棄申述受理証明書**なども必要となります。

第2章

遺産分けのルールは
どうなっているのですか

⊙誰が遺産を受け取れるかのルールから、相続人の間の
不公平を減らすしくみまで

　いよいよここからが相続の本番です。遺産分けをするには、そのルールを知ることが不可欠です。法律の決まりでは、誰が、どのくらいもらえることになっているのか。遺言があるときはどうすればいいのか…。

　ルールを知らずに遺産分けをしようとすれば、相続人どうしの争いに発展しがちです。「争族」という言葉があるくらいで、近親者どうしだからこそ、かえって感情的なもつれが生じて、どうにも収拾がつかなくなってしまうのです。

　遺言で分け方が指定されていれば争いが生じないかといえば、遺言があるためにかえってもめるケースもあります。えこひいきや、意味不明の文言が、相続人の間に亀裂を生じさせてしまうのです。

1 遺言があるかないかで遺産を 受け取れる人が大きく変わります

 父が亡くなって、母と、私たち2人のきょうだい（私と妹）が残されました。それで、遺産分けのことはちゃんとしてくれなどと妹が言うのですが、なにをどんなふうに分ければいいのか、よくわからないんです。

 最初にお聞きしますが、お父さんの書かれた遺言書はないんですね？

 ええと、そういうものは見当たらないようですが……探せば出てくるかも。

 そうですか。**遺言があるかないかで、遺産分けのやり方が大きく変わりますから、最初にそれをしっかり確かめることが大切です**。遺産分けが終わってから遺言書が見つかると、全部やりなおしになります。

 やりなおしって……。遺言書って、そんなに絶対的なものなんですか？

 遺言書があれば、遺産を受け取る資格のあるのは、遺言書のなかで遺産の受取人として指定された人だけです（ただし「遺留分」という例外がありますが、これについてはあとで⇒80ページ）。遺産のうちの何をどれだけ受け取れるかも、基本は遺言の指定に従います。
　亡くなった人（被相続人＝相続される人）の指定に従うので、これを「**指定相続**」と言います。

| 遺言書 | 遺言書がある | ▶ | 遺言書の指定どおりに分ける（指定相続） |

52

なるほど。父の遺言書、帰ってよく探してみないと……。

 一方、遺言書がないときには、法律（民法）の指定で、相続人の範囲と受け取れる割合が自動的に決まります。法律の決まりどおりの相続なので、これを「**法定相続**」と言います。

　法定相続は、遺言がないときにだけ、補助的に行うやり方です。といっても、日本ではあまり遺言書を書いておく人がいなくて、数は「法定相続」が圧倒的に多いんですが。

法律（民法）のルールで分ける
（法定相続）

遺言書　遺言書がない

 法律どおりに分ける方が、もめなくてよさそうですけどね。

 そうとも限りません。「法定」といっても、相続人が何を受け取れるかについては、割合（相続財産の何分の何か）でしか決まっていませんから、具体的に誰が何を受け取るか（お金、土地建物、品物などをどう分け合うか）は、相続人が集まって協議して決めないといけません（**遺産分割協議**）。ここで相続人たちがケンカになるケースも多いんです。遺言で指定があった方が、分け方についてはすっきりします。

 なるほど。話合いで決めるってことだと、ちょっとでも自分がトクしようと思って、無理なことを言う人も出てきそうですからね。

「指定相続」か「法定相続」かが相続の大きな分かれ目です
遺言があれば遺言の指定にしたがって分け（原則）、なければ民法が定めた割合で分けます。

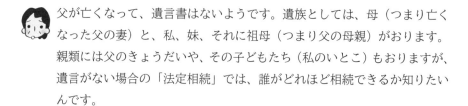

2 民法の決めた相続順位にしたがって 相続人が決まります

父が亡くなって、遺言書はないようです。遺族としては、母（つまり亡くなった父の妻）と、私、妹、それに祖母（つまり父の母親）がおります。親類には父のきょうだいや、その子どもたち（私のいとこ）もおりますが、遺言がない場合の「法定相続」では、誰がどれほど相続できるか知りたいんです。

わかりました。**あなたのようなお子さんがいる場合、これはもう最優先の相続人です。**あとは、あなたがたのお母さん、つまり亡くなられた方の奥さん（＝配偶者）が相続人になります。今回の相続で遺産を受け取れるのは、あなたがた2人のごきょうだいと、お母さんの3人だけです。

私の祖母——つまり亡くなった父の母親は相続できないんですか。

そのとおりです。「子どもがいれば最優先」ですから、子どもがいるかぎり、亡くなった方（被相続人＝相続される人）の親御さんが生きていても、ごきょうだいがいたとしても、いっさい相続することはできません（…あくまで遺言によらない「法定相続」では、の話です。遺言をすれば、親やきょうだいに遺産を渡す（「遺贈」をする）ことも亡くなられた方の自由です）。

子どもが最優先といっても、うちの母（亡くなった人の妻＝配偶者）は相続できるわけですよね。亡くなった人の連れ合いというのは別格なんですか。

そうです。というのも、相続人には2つの種類があって、1つは亡くなった人の血縁者（血族）……子ども、親、兄弟姉妹です。もう1つが血縁の

ない者……つまり配偶者（妻・夫）です。血のつながりはなくても、**配偶者は亡くなった人にいちばん近いパートナーに違いありませんから、別格の存在として必ず遺産を相続します。**他方、①子ども、②親、③兄弟姉妹という血族のグループには、この番号どおりの優先順位がつけられます。順位１番の子どもがいれば、別格の配偶者は子どもとともに相続人になりますが、順位が下の親や兄弟姉妹は、まったく相続できません。

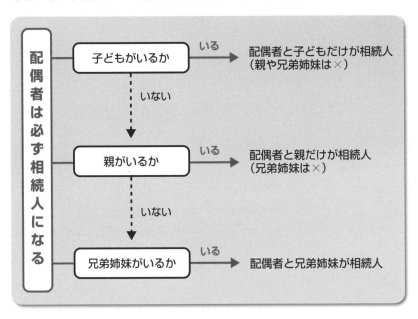

 このように、**優先順位の上の者がいると、下の順位の者はいっさい相続できないというのが「法定相続」のルールです。**ですから、もし子どもがいる人が、親やきょうだいなどにも遺産を与えたいと思っているなら、そのことを遺言に書いておかないといけないんです。

法定相続のルールはこうなっています

- ・子どもがいれば最優先。ほかに相続できるのは配偶者（妻・夫）だけ。
- ・親が相続できるのは、亡くなった人に子どもがいないときだけ。
- ・兄弟姉妹が相続できるのは、亡くなった人に子どもも親もいないとき。

3 法定相続のルールでは配偶者（妻または夫）＝1/2、子ども＝1/2です

 父が亡くなって、母と、息子の私と妹が残されました。遺言はありません。遺産の額は、ざっと1200万円です。各自が、相続でどういう受取り額になるのか、教えてください。

 承知しました。遺言がないということは、法定相続になりますから、そのルールをあなたの場合にあてはめて考えてみましょう（次の①です）。

そのほか、亡くなった人の親やきょうだいが相続人になる場合も説明することにします。

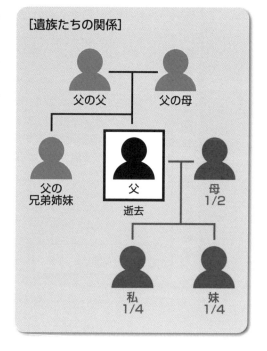

[遺族たちの関係]

父の父　父の母

父の兄弟姉妹　父 逝去　母 1/2

私 1/4　妹 1/4

---

① 子どもがいるとき
…▶ 奥さんと子どもだけが相続人になれる（親や兄弟は×）

奥さん　1/2　＝600万円
子ども　1/2　＝600万円
（子どもが複数いれば頭割り…2人いれば1人あたり1/4＝300万円）

なお、仮にですが、亡くなった人に奥さんがなく、子どもがいるだけの場合には、子どもだけが遺産のすべてを相続します。子どもと亡くなった人の親（祖父母）やきょうだい（叔父・叔母）が遺産を分け合うことはありません。

---

② 　子どもがいないとき⇨奥さんと親、兄弟姉妹がいる
　…▶ 　奥さんと親だけが相続人になれる（兄弟姉妹は×）

奥さん　2/3　＝800万円
親　　　1/3　＝400万円
（親が2人とも存命なら頭割り…1人あたりは1/6＝200万円）

---

③ 　子どもがいないとき⇨奥さんと兄弟姉妹がいる（親はいない）
　…▶ 　奥さんと兄弟姉妹が相続人になれる

奥さん　　3/4　＝900万円
兄弟姉妹　1/4　＝300万円
（兄弟姉妹が複数いれば頭割り …2人いれば1人あたり1/8＝150万円）

 子ども→親→兄弟姉妹と、優先順位が下がるにしたがって、奥さんの取り分が増えていることがわかるでしょう。やはり、ずっと身近にいて人生を共にしてきた人を、法律も大切に扱っているということなんですね。

 ココがだいじです！

法定相続では、亡くなった人に子ども（最優先の相続人）が
いるときは、亡くなった人の配偶者（妻または夫）以外は
誰も相続できません。

4 親が相続できるのは、亡くなった人に子どもがいない場合です

 夫が亡くなりました。私たち夫婦の間に子供はおりません。夫の両親は存命で、きょうだい（夫の妹）も一人おります。夫の遺産を受け取れるのは誰で、どういう割合でしょうか。

　なお、遺言はありません。

 遺言がないので、法定相続の決まりにしたがいます。

　まず、奥さんであるあなたが「配偶者」として、相続人になります。相続分は2/3です。

　もしもお子さん（第1順位の法定相続人）がいらっしゃれば、あなたとお子さんだけが相続人ですが、いらっしゃいませんので、亡くなられた旦那さんの親（第2順位の相続人）が相続権をもつことになります。

　相続分は、ご両親お二人あわせて1/3。1人あたりだと1/6です。

> **［相続できる人］**
>
> 妻（配偶者）　＝　遺産の2/3
>
> 親　　　　　　＝　遺産の1/3（1人あたりは1/6）

 夫の妹さんには、ぜんぜん遺産がいかないんでしょうか。

 亡くなった人のきょうだいは、子ども→親→きょうだいという優先順位でいうと、第3順位の相続人です。

　順位の低い法定相続人は、順位の高い相続人がいるかぎり、まったく相続することはできません（ただし、もちろん遺言の指定があれば遺産を受け取ることができます。これは相続ではなく、亡くなった人が遺言によってする**遺贈**です）。

▶子どもがいても、相続を放
棄するなどの事情があると、
相続人ではないことになり、
それぞれの相続分は上と同
じになります。

5 きょうだいが相続できるのは、亡くなった人に子どもも親もいない場合です

夫が亡くなりました。夫婦の間に子供はおりません。夫の両親もすでに亡くなっておりますが、夫には兄が1人おり、その人には奥さんと子供がおります。夫の遺産を受け取れるのは誰で、どういう割合でしょうか（遺言はありません）。

遺言がないので、決定相続の決まりどおりです。まず、亡くなった方の奥さんであるあなたが「配偶者」として相続人になります。相続分は3/4となります。

　次に、あなたがたご夫婦にお子さん（第1順位の法定相続人）がおられませんし、旦那さんのご両親（第2順位の法定相続人）も両方亡くなっておられますので（もちろん、その上の祖父母…「直系尊属」もいないものとして）、旦那さんの兄弟姉妹（第3順位の法定相続人）に相続権が生じます。相続分は1/4です。

[相続できる人]

妻（配偶者）	＝	遺産の3/4
兄弟姉妹	＝	遺産の1/4

なお、お兄さんの奥さんはそもそも血縁がないので、今回の相続とはまったく無関係です。

　お兄さんのお子さんも、今回は相続できません。

　仮にですが、お兄さんがすでに亡くなっていたとしたら、お兄さんの相続分を「代襲相続」できていたことになります。

◎亡くなった人のきょうだいが相続人になる場合

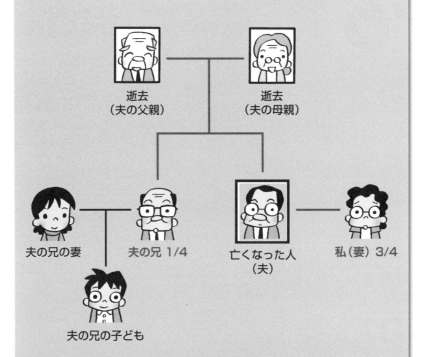

逝去
（夫の父親）

逝去
（夫の母親）

夫の兄の妻

夫の兄 1/4

亡くなった人
（夫）

私（妻）3/4

夫の兄の子ども

▶亡くなった人に子どもがなく、両親もともに亡くなっているので、兄弟姉妹に相続権が生じますが、親が1人でも存命であれば、妻（配偶者）と親だけが相続人になり、兄弟姉妹には相続権が生じません。

▶仮に、亡くなった人に妻がおらず、親と兄（兄弟姉妹）だけがいたとしたらどうでしょう。
そのとき相続人になるのは親だけで、兄には相続権が生じません（親と兄弟姉妹で分け合うことにはならない）。優先順位の高い者がいたら、順位の低い者はいっさい相続できないのが法定相続のルールだからです。

6 その子どもの子どもが「代襲相続」によって相続できます

 父が亡くなって、母と私が残されました。私には亡くなった妹がおり、その妹には二人の子供がいます。それぞれの相続分はどうなりますか（遺言はありません）。

 遺言がないので法定相続です。まず、亡くなったお父さんの妻（配偶者）であるお母さんが相続人になります（相続分は1/2）。

　次に、子どもであるあなたと妹さんが相続人になるところですが、妹さんは亡くなられていると。

 ええ。亡くなっている以上は、相続できないと思うのですが……。

 亡くなっていても、お子さんがいらっしゃいますよね。そうすると、妹さんが相続するはずだった相続分が、そのお子さんたちに受け継がれます。これが「代襲相続」の決まりです。

　そうすると、今回亡くなられたお父さんの子ども（あなたと妹さん）の相続分が合わせて1/2。そのうち妹さんのぶん（半分の1/4）が、彼女の子どもたちに受け継がれますから、子どもたち1人あたりの相続分は1/8となります。

> [相続できる人]
> お母さん（配偶者）　　＝　遺産の1/2
> あなた　　　　　　　　＝　遺産の1/4
> 妹さんの子どもたち　　＝　遺産の1/4
> 　　　　　　　　　　　　　（1人あたりは1/8）

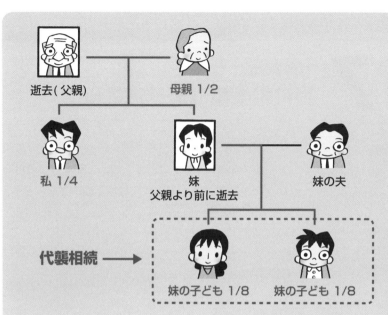

逝去(父親)

母親 1/2

私 1/4

妹
父親より前に逝去

妹の夫

代襲相続 →

妹の子ども 1/8 　　妹の子ども 1/8

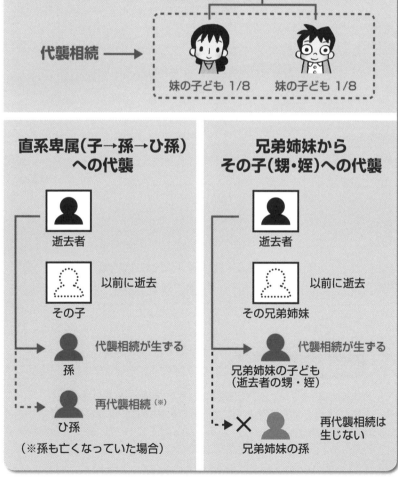

直系卑属(子→孫→ひ孫) への代襲

逝去者

以前に逝去

その子

代襲相続が生ずる

孫

再代襲相続 (※)

ひ孫

(※孫も亡くなっていた場合)

兄弟姉妹から その子(甥・姪)への代襲

逝去者

以前に逝去

その兄弟姉妹

代襲相続が生ずる

兄弟姉妹の子ども
(逝去者の甥・姪)

✕ 再代襲相続は
生じない

兄弟姉妹の孫

7 「事実婚」では、妻に相続権はありません

 先日、夫が亡くなりました。彼とは長年一緒に暮らしてきて、息子も一人おりますが、正式な婚姻届けは出しておりません。私と息子の相続はどうなるでしょうか。

 あなた方の夫婦関係は、いわゆる事実婚（じじっこん）という形態で、法律的には「内縁（ないえん）」という古い言葉で呼ばれます。この事実婚（内縁）は、こと相続に関してはまったく否定的な扱いを受けることになるんです。

 と言われますと、やはり夫からの相続はできないと……。

 「内縁の妻」には、「内縁の夫」からの相続が認められません。あなたに遺産を譲るという遺言がないとなると、実に厳しい結論になります。

 私たちの子どもはどうなるんでしょう。

 ご主人が自分の子として「認知（にんち）」していれば相続できます。認知していなくても、息子さんの方から「認知」の裁判を起こして、認められればだいじょうぶです。

 ココがだいじです！

・「内縁の妻（夫）」には、内縁相手からの相続権がありません。
・内縁によってできた子どもにも、そのままでは父親からの相続権がなく、自分の子どもだという父親の「認知」が必要です（一方、母親からの相続権は、「産んだ」事実によって当然に認められます）。

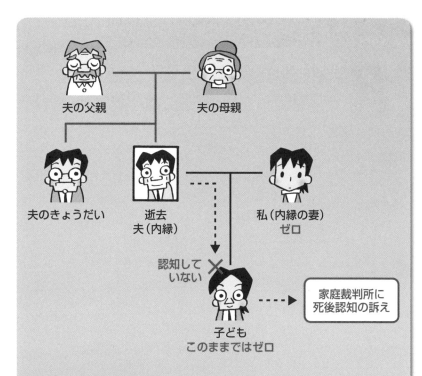

夫の父親

夫の母親

夫のきょうだい

逝去
夫（内縁）

私（内縁の妻）
ゼロ

認知して
いない

子ども
このままではゼロ

家庭裁判所に
死後認知の訴え

▶死後認知が認められれば、子どもが唯一の相続人となります
（遺産のすべてを受け取れます）。

▶もし死後認知が認められなければ、亡くなった夫の親が、親が
もう亡くなっていればきょうだいが相続人となり、遺産のすべ
てを受け取ります。

⊙死後認知は、子ども自身か、子どもが未成年なら法定代理人（母親）が、検
察官（父親は死んでいるので便宜上）を相手に訴えを起こします（民法787
条）。訴える裁判所は「当事者が普通裁判籍を有する地」などの家庭裁判所と
されていますが（人事訴訟法4条）、要するに訴える者の住所地など、都合の
いい場所の家庭裁判所でいいということです。父親が死んでから3年以内に訴
えなければなりません。

8 離婚した前妻に相続権はありませんが、前妻の子（夫の子）には相続権があります

 夫が亡くなりました。夫には離婚した先妻がおり、その先妻との間にもうけた子が1人おります。私は、後妻として夫の籍に入り、やはり夫との間に子どもが1人おります。誰がどういう割合で夫の遺産を受け取るんでしょうか（遺言はありません）。

 まず、あなたとお子さんが、法律的に正式の結婚をした妻（配偶者）と、夫婦の間にできた子ども（嫡出子）として相続権をもつことは当然です。相続分は、配偶者のあなたは1/2です。

　なお、離婚した先妻さんは、もう亡くなった旦那さんとは婚姻の関係がないわけですから、相続権もありません。

 そうすると、子どもの取り分が問題になるわけですね。

 おっしゃるとおりです。

　先妻さんの子どもさんも、婚姻届けを出して正式の結婚をした夫婦の間にできた子どもですから、旦那さんの「嫡出子」であることはあなたの子どもさんとまったく同じです。

　それで、子ども全体の相続分は遺産の1/2ですから、これを2人で均等に分け合うことになります。

　子ども1人あたりは4分の1です。

 ココがだいじです！

・離婚した先妻（元・配偶者）には、いっさい相続権がありません。
・先妻（あるいは元・夫）の子どもには、いまの妻・夫の子どもと同等の相続権があります。

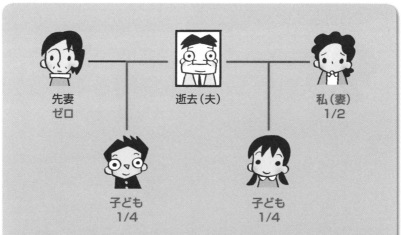

▶離婚した先妻の子どもも、元・夫の「嫡出子」であることに違いはありませんから、現に婚姻中の夫婦にできた子どもと均等の相続権を持ちます。

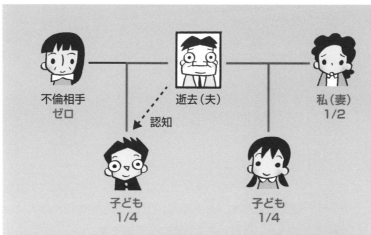

▶離婚した元・妻との間の子どもではなく、不倫相手との間にできた子ども（非嫡出子）であっても、その相続分は、正式の夫婦の間にできた子どもと同等です。⇨以前は非嫡出子の相続分は嫡出子の半分とされていましたが、平成25年9月、最高裁によって違憲と判断され、非嫡出子の相続分も嫡出子と等しくなるように法改正が行われました。

9 夫も子もいない人の遺産（遺言はなし）は、その人の親→きょうだいの優先順位で受け継ぎます

 私の姉が亡くなったのですが、夫は先に亡くなっており、子どもはいないんです。姉は相当な遺産を残しておりまして、親族のうちで、誰がどれだけその遺産を受け取れるのか知りたいんです。

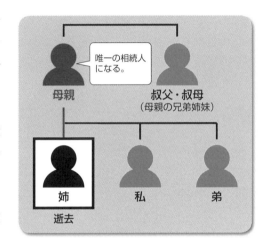

唯一の相続人になる。

母親　　叔父・叔母（母親の兄弟姉妹）

姉　　私　　弟
逝去

 お姉さんの遺言による指定はないということですね？
ご遺族には、あなたのほかに誰がいらっしゃいますか。

 まだ母が生きております。それと、弟が１人。叔父や叔母もおりますが、近いところではそのくらいです。

 わかりました。亡くなられた人（被相続人<ruby>被相続人<rt>ひ そうぞくにん</rt></ruby>）に親と、きょうだいがおられる場合、親の方が法定相続の優先順位が高いですから、相続人は親だけとなります。**優先順位の高い相続人がいれば、順位の低い相続人は、いっさい相続できない**というのが法定相続のしくみです。つまり、このケースで相続人となるのは、あなたがたのお母さんだけです。

 私らきょうだいには、なんにも相続分がないんですか？

 そういうことです。亡くなった方の兄弟姉妹が相続できるのは、亡くなっ

た人に子ども（⇒法定相続の優先順位１位）も、親（そのまた親なども含む「直系尊属」（⇒優先順位２位））もいないときにかぎられます。

 きょうだいは他人の始まりとかいうけれど、法律もきょうだいには冷たくできてるんですね。

 きょうだいは、成人すると別々の家をかまえて独立した生計を営むというのが伝統のスタイルですからね。助け合って暮らすのが当然とされる夫婦や子ども、親よりも関係が薄いものとして、法律上も扱われているわけです。

 なるほど……。それで、亡くなった者に夫や子どもがいたら、きょうだいが遺産の分配にあずかれる可能性はないということなんですね。

 ああ、それはちょっと違います。亡くなった方に子どもや親がいたらダメですが、夫——というか、妻の側があとに残った場合も含めて「配偶者<ruby>はいぐうしゃ</ruby>」だけがいる場合なら、きょうだいは、相続人として相続を受けられます（配偶者が相続財産の3/4、きょうだいが1/4と割合は低いですが……）。
　というのも、亡くなった方の**配偶者（夫・妻）は、どんな相続順位の者とも連れ立って相続人となる別格の存在**だからなんです。

 「配偶者」は相続の優先順位が高いのに、順位の低いきょうだいにも遺産がいくんですか？　さっき順位の低い者はぜんぜん相続できないって……。

 いえ、配偶者（夫・妻）は優先順位が高いんじゃなくて、子ども→親→兄弟姉妹という血縁者（血族）のなかの優先順位を超越しているということです。どんな場合にも、誰とでもいっしょに相続を受けるという意味で「別格」なんですよ。

 ## 亡くなった人に子どもがいないときの法定相続

**亡くなった人に「配偶者」（夫・妻）がいても、
子どもがいなければ、親→きょうだいの優先順位で相続できます。**

10 いとこの遺産は、遺言がないかぎり どんな場合でも相続できません

 先日、いとこが亡くなったと連絡がきましてね。彼には妻子がなく、親（私の叔父とその奥さん）も、もう亡くなっておりまして。親族でいちばん近い関係にあるのが私たち、つまり、いとこにあたる私と弟ということなんです。

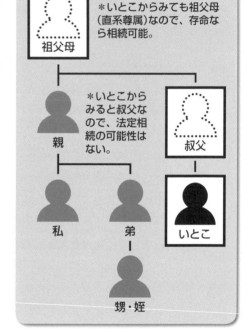

*いとこからみても祖父母（直系尊属）なので、存命なら相続可能。

祖父母

*いとこからみると叔父なので、法定相続の可能性はない。

親

叔父

私

弟

いとこ

甥・姪

 そうですか。そうすると、あなたが葬儀の段取りなども？

 ええ、簡素にですが、きちんと始末をつけてきました。それで、お聞きしたいのは相続のことなんです。いちばん近い親族だとしたら、私らに彼からの相続権があるんじゃないかと。

 そのいとこさんは遺言状を書いておられましたか？

 いいえ、そのようなものは、どこにも……。

 ふむ……。 そうすると**法定相続**になりますから、彼のいとこであるあなた方には**遺産を受け取る権利はない**んですよ。

ああ……そうなんですか。いや、なにも欲張って言うんじゃなくて、葬式費用を建て替えた分だけでも戻してもらえたらと思ったので。

建て替えた葬式代については、相続人のいない彼の遺産処理のために家庭裁判所に申し立てて**相続財産管理人**を選任してもらい、その管理人に事のしだいを伝えれば、返してもらえるでしょう。ただし、この申立ても手間と費用のかかる話ですから、損得の計算はしっかりとなさっておいてください。

なるほど、そう簡単にはいかないもんなんですね。

はい……。ともあれ、法定相続のルールでは、相続人になれる限界は亡くなった人の兄弟姉妹まで、というか、**兄弟姉妹がすでに亡くなっていた場合の、その子ども（つまり甥・姪）まで**、と決められているんです（これは「代襲相続」によります⇒62ページ参照）。いとこも、叔父さん叔母さんもダメということですね。

　仮に、あなたを起点にして考えると、あなたが亡くなった場合（縁起でもない話ですが）、あなたの法定相続人になれるのは、前ページの図で、あなたの弟さんの子どもたち（あなたの甥・姪）までということなんです。

ふうむ……。それじゃあ今回、いとこの遺産は、どこにいくわけですか。

あなたのように立て替えたお金を返せといえる債権者や、彼の身近にいて世話をやいてくれた人（**特別縁故者**）がいるなら、その人にお金などを渡したうえで、残りは日本の国（国庫）のものになります。

👆 **ココがだいじです！**

いとこからの遺産相続はできなくても
葬儀などで使った費用は遺産から払い戻してもらえます。

11 遺言があれば誰でも遺産を受け取れますが、受け取れる割合については一定の限度があります

　自分の財産を、自分が亡くなったあとで誰に受け継がせようと、原則としては自由です。遺言に「誰々に財産を譲る」と書いてあれば、その人が遺族とは無関係な赤の他人であっても、遺産を受け取ることができます。こういう場合、遺産の受取人は、「相続人」ではなく、「**受遺者**」と呼ばれます。受遺者とは「**遺贈**を受ける人」という意味です。「遺贈」とは遺産を渡す側からの言葉で、遺言によって遺産を渡すことを「遺贈」というのです。

　遺贈を受けるのは、赤の他人にかぎられません。親族であっても法定相続人にならない人、たとえば亡くなった人に子どもがいる場合の親やきょうだいが、遺言によって遺贈を受けることはよくあります。また、法定相続人であっても、遺言によって法定相続分より多い割合の遺産を受け取ったり、個別に指定されたもの（「この家」とか「この着物」とか）を受け取ったりしたときは、遺贈を受けたことになります。

　なお、遺贈によって法定相続人の「**遺留分**」（絶対に相続できる割合）まで侵害したときは、その遺留分を取り戻されることになります（⇒80ページ）。そのように、亡くなった人の財産処分権にも一定の制限はあります。

◎「包括遺贈」なら法定相続の規定に準じて承認・放棄などをします

　遺贈のうちで、「遺産の何分の何を誰々に与える」という、割合による指定のしかた（**包括遺贈**）のときは、法定相続のやり方と変わりないので、法定相続の規定をそのまま使うことになっています（包括遺贈を受けた人を**包括受遺者**と呼びます）。

　注意が必要なのは、「遺産の何分の何」と指定された遺贈を受けると、亡くなった人（遺言者）の借金もその割合で受け継ぐということです（ただし、債権者の側では相続を承認した決定相続人の方に法定相続分の割合どおりに返済を請求することもできます。お金のない人が大きな割合で借金を

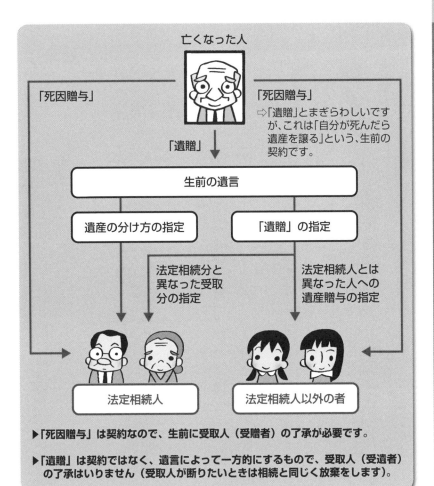

「死因贈与」
「遺贈」

亡くなった人

「死因贈与」
⇨「遺贈」とまぎらわしいです
が、これは「自分が死んだら
遺産を譲る」という、生前の
契約です。

生前の遺言

遺産の分け方の指定

「遺贈」の指定

法定相続分と
異なった受取
分の指定

法定相続人とは
異なった人への
遺産贈与の指定

法定相続人

法定相続人以外の者

▶「死因贈与」は契約なので、生前に受取人（受贈者）の了承が必要です。

▶「遺贈」は契約ではなく、遺言によって一方的にするもので、受取人（受遺者）
の了承はいりません（受取人が断りたいときは相続と同じく放棄をします）。

受け継いで、あげくに自己破産するようなことをされると困るからです）。

　包括遺贈を受けたくなければ、相続と同じく３か月以内に家庭裁判所で
放棄の手続きをします。遺産分割についても、包括受遺者は相続人と同じ
資格で遺産分割協議に参加できます。

　これに対して、「この家を誰々に与える」という遺贈のしかた（**特定遺
贈**）では、相続の規定は使いません。いつでも放棄できますし（３か月内
に限らず、家裁に行く必要もなし）、遺産分割協議に参加する必要もないの
です。

12 自分の自由な判断で書いていなければその遺言は無効です

 亡くなった母が自筆の遺言書を残しているのですが、どうも怪しいんです。母は、亡くなる直前には認知症の病状がすすみ、きちんとした判断力はなかったはずなんです。それなのに、文面は妙にきちんと整い、はっきりと兄に有利な遺産分けの指定をしています。看病していた兄夫婦が無理やり書かせたのに違いありません。こんな遺言書にも効力はあるんでしょうか。

 まずはそれが本当に本人の「自筆」かどうか、そのほかにも書き方のルールを守っているかどうか、チェックしてください。

 書き方のルールって、たとえばどんな？

 お母さんがお書きになったのは「**自筆証書遺言**」という形式の遺言で、その名のとおり、必ず遺言する人本人が自筆で書かなければならないものです。代筆は認められません。あとは、日付と署名と押印（指でする拇印_{ぼいん}でもよい）があるかも重要な点です。**1つでもひっかかれば、その文書は遺言書としては無効です。**[*]

*本文部分に添付する財産目録に限ってはパソコン入力や通帳のコピーなど自筆によらない方法でもよくなりました（民法968条2項）。

 母が自分で書いてるかどうか、どうやって見わければいいんでしょう。

 お母さんが書いた手紙やノートなど、筆跡のわかる別の文書とくらべてみれば、まず素人目にもわかるものです。仮に、裁判をしてまでお兄さんとその遺言書の有効・無効を争うことになるなら（なるべく避けたいことですが）、専門家の筆跡鑑定をとる必要も出てくるでしょうけど。

それなら、母の日記がありますから、その文字とくらべてみます。

 難しいのは、誰かがお母さんに手を添えて、その筆の運びを助けたという場合です。これだと、程度しだいでは遺言書が有効とされる場合もあります。

 その「程度」というのは、どんな程度なんですか？

 添えた手が遺言者（お母さん）の手を用紙の正しい位置に導いたり、筆記具が落ちないよう支えたりするだけで、筆の運びそのものは遺言者の望みにまかされていたと筆跡からわかる、という「程度」です（最高裁・昭和62年10月8日判決）。

　他人の手が誘導して書かせたのならお母さんの筆跡は崩れますから、やはり筆跡の一致がポイントになります。

 そんなに筆跡だけ調べて、本当のことがわかるものでしょうか。兄夫婦が「こう書け」とささやいて、母が断れずに書いたって可能性もあるし……。

 お母さんは亡くなられる前、もう、ものごとの判断ができないほど認知症がすすんでいたんでしょう？　病状からしてご自分の頭で考えて筋の通った文章など書けないと、医師などの証言や診断書を集めて証明できればいいんです。そうすれば、ほかの誰かに無理に書かされたもので無効だと、裁判官に認めてもらえます。

　なお、方式違反で無効な遺言書であっても「死因贈与」の証書としては有効とされることがあるのですが（⇒76ページ）、判断力（意思能力）のない状態でその遺言が書かれたのなら、遺言どころか「死因贈与」の証書としても効力は生じないことになりますので、だいじょうぶです。

 ココがだいじです！

遺言書の筆跡をよく調べれば
本人が自分の意思で書いたかどうかがわかります。

13 形式不備で無効の遺言書でも「死因贈与」の証書としては有効な場合があります

先ごろ、姉が亡くなりました。姉はずっと独り身で、むろん子どももいないんですが、弟の子をとてもかわいがっていて、その子に自分の財産をすべて譲ると日ごろから話していたらしいんです。その子あてに、「私が死んだら、財産のすべてをお前に相続させる」旨の遺言書も渡してあって、先日、弟がその紙を見せにやってきました。

それで、あなたには、お姉さんからの相続をあきらめろと……。兄弟姉妹には「遺留分」がありませんから（⇨81ページ）、ほかの人への全額遺贈なら、あなたはまったくなにも受け取れなくなりますからね。

弟の顔がいかにも勝ち誇ったようで、くやしくてならないんです。

その「遺言書」ですが、遺言書としての正しい様式を備えているかどうかが問題です。お姉さんが書かれたものは（それが遺言書であるとすれば）**自筆証書遺言**にあたりますが、これは**遺言者本人の直筆が絶対条件で、ワープロ打ちはだめ、代筆もだめ**というものです（財産目録は例外）。しかも、**日付けと署名と押印がそろっていないといけません**。そのあたりどうですか。

姉の直筆だったと思いますが、日付けや押印はなかったようです。名前はたしか書いてありましたけど……。

そうしますと、その文書は遺言書としては形式が不備で、効力がありません。

えっ、だったら、姉の財産は弟の子のものにはならないってことですか？

残念ながら、そうとも言い切れないんです。**遺言書としては不備で、無効であっても、贈与（死因贈与といいます）の証書としては有効とされる場合があります。**弟さんの子どもに財産を譲るというお姉さんの意思じたいは、その文書にはっきり示されているわけですから。

それじゃ、やっぱり姉の全財産は弟のところに……。

裁判で争う余地はあります。無効な遺言書が、いつでも必ず死因贈与の証書に転用できるとされているわけではないんです（死因贈与は贈り手が生きているうちの契約行為なので、贈与の申込みに応じて受け手の側が承諾を返していた事実が認められなければなりません。一方的でよい遺言による贈与＝遺贈とは異なります）。日付けや押印がない文書では、証明力が弱いことは確かですしね。裁判官が、あなたに、なにがしかの財産を譲る方向で和解をすすめてくれる可能性もあります。

ぜひ、これなら勝てるという訴え方があればいいんですが。

その文書を書いたとき、お姉さんが本気ではなかったり（日付けや押印の不備が、それを思わせる材料にはなります）、病気などで判断力（意思能力）がなかったりしたのなら、ほかの人の証言などでそれを裏づけて、贈与の効力を否定できるでしょう。

　あと、死因贈与はいつでも取消し自由ですから（民法554条、1022条）、お姉さんがその文書を書いたあと、**別の意向をあなたに告げていれば（「この財産はあなたにあげる」など）、前の文書はそれと抵触する部分について無効になります**（むろん告げたことを証明できる証拠……メモや証人などがなければ、裁判官を納得させられませんが）。

**「死因贈与」の約束をしても、あとから別の約束をしたら
矛盾する部分は取り消されたことになります。**

14 しゃくし定規な読み方をせずいろいろ事情をふまえて柔軟に解釈します

 父の遺言書に、どうも意味がはっきりしないところがあって困っています。「金融資産はすべて長男（私です）に相続させる」と書いてありましてね。この「金融資産」の意味について、相続人の間でもめてるんです。

 通常の意味では、現金とか、債券類とか、会社の株とかでしょう。

 ええ、そのあたりはわかるんですが、父は小さいながら輸入雑貨店をやってまして、その切り回しで個人的にもかなり借金があるようなんです。弟などは、その借金も、マイナスながら「金融資産」のうちだから、全部私の負担だと言うんです。私としては、借金は「資産」じゃないだろうと……。

 わかりました。よく似た例で、「財産のすべてを妻に相続させる」と遺言書にあるときの「財産」が、借金まで含む意味かどうか、裁判になったことがあります。判決は「財産」という言葉だけでは決められないとしました。そして、**その遺言が書かれたいきさつ、相続人たちが得ることになる遺産額などを検討し、この例では「財産」という言葉に借金という「マイナスの財産」は含まない、と判断しました**（名古屋地裁・平成14年12月20日）。

 だったら、私の場合も、「金融資産」には父の借金を含まないんですね？

 そう言い切れないから難しいんです。**遺言書の意味は、字づらにとらわれず、ほかの条項との関連や遺言書が書かれたときの事情などを考慮に入れ、その真意を探るべし**とされています（最高裁・昭和58年3月18日判決）。これをふまえて私なりの意見を申せば、お父さんは長男であるあなた

を後継ぎにと考えてらしたのではないでしょうか。事業をまるまる借金も含めてあなたに譲り、きょうだいたちには別の財産を与えてバランスをとろうと。

そこまで詰めた話を親父としたことはなかったんですが……。

この遺言を読むと、「金融資産」のほかに、お店の土地建物をあなたに与え、自宅の権利や宝飾品類は弟さんたちに与えています。あなたに、借金のことも含めて後事をたくすというご遺志が読み取れるように思うんですがね。

**借金の負担割合は
勝手に変えられません**

相続人たちの側で、親の借金をどういう割合で相続するか話し合い、その割り振りを決めても、お金の貸主（債権者）の側では、相続の割合を勝手に変えられ、資力のない者だけに債務を相続されては困ります。そこで、返済の請求は法定相続の割合どおりに各相続人に対してできることになっています。

もちろん、債権者がよければ、変更後の負担割合にしたがって各相続人に請求するのは自由ですし、この例のように、親の事業を継ぐ者が借金も負担することが合理的と思われるケースもあります。

そうなると、やはり父の借金は私ひとりがかぶることになるわけですか。

私の読み方ではそういうことになります。
　もちろん、借金の負担だけ大きければ、あなたも承服しかねるでしょう。でも、受け継ぐお店の収益とか、借金と差し引きしたうえでの「金融資産」のプラス分とか、調べてみてちゃんとお父さんが配慮なさっているとわかれば、私の読み方に説得力があると、同意していただけるのではないでしょうか。

ココがだいじです！

**相続人がよく話し合って
遺言を書いた人の本意をくみとることが大切です。**

15 一定範囲の遺族には、「遺留分」という必ず受け取れる相続分が確保されています

 父が亡くなって、母と２人の子ども（私と妹）がのこされました。父は、妹だけに遺産のすべてを与えると遺言をしているのですが、あまりに不公平です。

 被相続人（亡くなった人）は、遺言によって自分が亡くなったあとの財産の行き先を自由に指定できるのが原則（**遺言優先の原則**）ではありますが、それにも限度があります。

　亡くなった人にいちばん近しい遺族の人（配偶者＝夫婦の相方や、子どもなど）は、遺言書に受取人として名前が書いてなくても、絶対的な相続財産の受取り分、すなわち「**遺留分**」（いりゅうぶん）というものを必ず受け取れることになっています。

　受け取れる割合は、あなた（亡くなった人の子ども）の場合、ほんらい受け取れる法定相続分の1/2です。

 父ののこした遺言には、従わなくていいわけですね。

 「遺留分」を侵害された部分についてはそういうことになります。

　あなたは、ご自分の「遺留分」にあたる部分に限っては、もう渡ってしまっているときには妹さんに対してその部分の金額の支払い請求ができます。この支払いの請求のことを、「**遺留分侵害額請求**」と言っています。

ココがだいじです！

**遺言があっても、「遺留分」を侵害していれば
その侵害部分にかぎっては侵害額の支払いを請求できます。**

16 配偶者・子どもが相続人になるとき は遺産全体の1/2が「遺留分」です

 さきほど「遺留分」についてうかがいましたが、「遺留分」というものは、 息子である私は、当然もっているわけですね？

 そうです。「遺留分」をもつのは、まず**亡くなった人の配偶者（妻・夫）と 子ども**です（割合は、それぞれの法定相続分の1/2）。それに加えて、亡く なった人に子どもがいないときには**亡くなった人の親**が（生きていれば） 相続人となりますが、その場合の親も「遺留分」をもちます（亡くなった 人の配偶者といっしょに相続人になるときは法定相続分の1/2、配偶者が おらず親だけで相続人になるときは1/3）。

 亡くなった人のきょうだいが相続人になる場合もあると思いますが、その とき、そのきょうだいに「遺留分」はないんですか？

 はい、きょうだいには「遺留分」がありません。ですから、亡くなった人 がきょうだい以外の誰かに遺産を全部あげる遺言をしたときには、その きょうだいはまったく相続できないことになります。

ココがだいじです！

- ・配偶者（妻または夫）の遺留分　⇨　自分の法定相続分の1/2
- ・子どもの遺留分　⇨　自分の法定相続分の1/2
- ・親の遺留分　⇨　〔配偶者と共同相続〕自分の法定相続分の1/2
　　　　　　　　　　〔親だけが相続〕自分の法定相続分の1/3
- ・兄弟姉妹の遺留分　⇨　ゼロ（遺留分はありません）

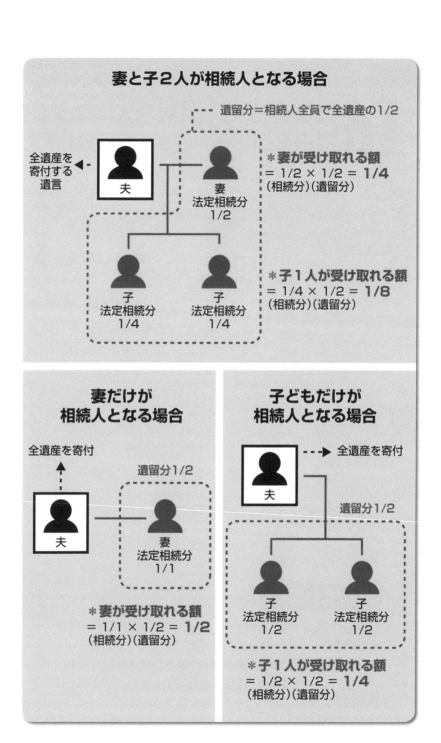

妻と子2人が相続人となる場合

遺留分＝相続人全員で全遺産の1/2

全遺産を
寄付する
遺言

夫

妻
法定相続分
1/2

子
法定相続分
1/4

子
法定相続分
1/4

＊妻が受け取れる額
= 1/2 × 1/2 = **1/4**
（相続分）（遺留分）

＊子1人が受け取れる額
= 1/4 × 1/2 = **1/8**
（相続分）（遺留分）

妻だけが
相続人となる場合

全遺産を寄付

遺留分1/2

夫

妻
法定相続分
1/1

＊妻が受け取れる額
= 1/1 × 1/2 = **1/2**
（相続分）（遺留分）

子どもだけが
相続人となる場合

全遺産を寄付

夫

遺留分1/2

子
法定相続分
1/2

子
法定相続分
1/2

＊子1人が受け取れる額
= 1/2 × 1/2 = **1/4**
（相続分）（遺留分）

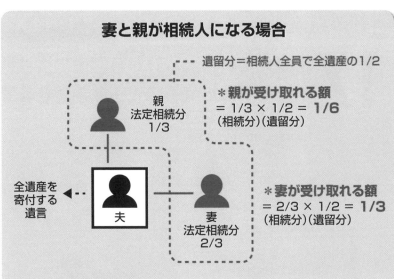

妻と親が相続人になる場合

遺留分＝相続人全員で全遺産の1/2

親
法定相続分
1/3

＊親が受け取れる額
= 1/3 × 1/2 = **1/6**
（相続分）（遺留分）

夫

妻
法定相続分
2/3

全遺産を
寄付する
遺言

＊妻が受け取れる額
= 2/3 × 1/2 = **1/3**
（相続分）（遺留分）

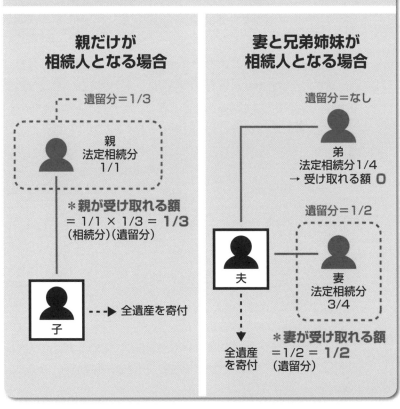

親だけが
相続人となる場合

遺留分＝1/3

親
法定相続分
1/1

＊親が受け取れる額
= 1/1 × 1/3 = **1/3**
（相続分）（遺留分）

子

全遺産を寄付

妻と兄弟姉妹が
相続人となる場合

遺留分＝なし

弟
法定相続分1/4
→ 受け取れる額 **0**

遺留分＝1/2

夫

妻
法定相続分
3/4

全遺産
を寄付

＊妻が受け取れる額
=1/2 = **1/2**
（遺留分）

17 相続人ごとの遺留分から実際に受け取れた分を引いた金額を支払請求できます

 亡くなった人の妻と、子ども2人（兄・妹）が相続人になるとします。亡くなった人が、「妹にだけ遺産を譲る」と遺言していたとき、妻と、もう1人の子ども（兄）は、「遺留分侵害額請求」によって、どれくらい遺産を取り戻すことができるでしょうか。

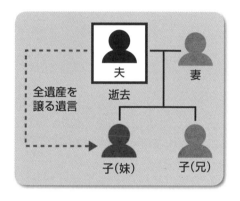

妻と子ども1人（兄）のそれぞれの遺留分と、最低限受け取れるはずなのに遺言で侵害されている部分の割合は、下の表のようになります。

遺留分（全体として）の割合は、妻と子合わせて全遺産の1/2。相続人ごとの遺留分を出すと、この1/2を、それぞれの法定相続分に応じて割り振った割合になりますから、妻は1/4、子ども1人は1/8です。

	法定相続分	遺言による指定相続分	遺留分	侵害されている遺留分
妻	1/2	0	1/4	1/4
子(兄)	1/4	0	1/8	1/8
子(妹)	1/4	全部		侵害額の支払いを請求できる

この例では、妻と子の1人（兄）は、それぞれ1/4、1/8の「侵害されている遺留分」を、金額に換算して支払請求できることになります。

他方、妹は、遺言による自分の受取り指定分（遺産全部）から1/4と1/8にあたる金額を引いたものだけを、遺留分侵害額請求の結果として受け取

ることになるわけです。

$$1 - (1/4 + 1/8) = 5/8$$

このように、遺産の5/8が、妹の受取り分となります。

◎「相続人ごとの遺留分−遺言による受取り分」が減殺請求できる額です

次は、亡くなった夫が、妻子以外の者（Aさん）に、全遺産の2/3を譲ると遺言していた場合です（あ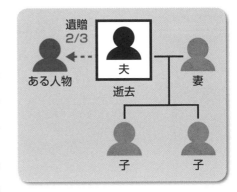とは法定相続分どおりとします）。

この場合、相続人全体の遺留分は1/2、各相続人の遺留分は、妻＝1/4、子ども1人あたり1/8で、前の例と同じです。

遺産の2/3がよその人のものになってしまうと、妻と子合わせて残りの1/3しか受け取れず、それぞれの受取り分はこうなります。

妻 ＝ 1/3 × 1/2（法定相続分）＝ 1/6

子ども（1人）＝ 1/3 × 1/4（法定相続分）＝ 1/12

それぞれの遺留分は、妻＝1/4、子ども1人＝1/8ですから、遺留分を侵害されている割合は、

妻 ＝ 1/4（遺留分）− 1/6 ＝ 1/12

子ども（1人）＝ 1/8（遺留分）− 1/12 ＝ 1/24

この侵害されている遺留分にあたる金額を、妻と子2人は、遺留分侵害額請求によってAさんに支払わせることができるのです。

他方、Aさんは、遺留分侵害額請求を受けた結果として、2/3から1/2に受取り分が減る計算になります。この結果は、亡くなった人の妻と子全員合わせた遺留分が1/2だというルールと一致します。

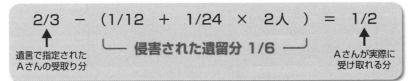

$$2/3 - (1/12 + 1/24 × 2人) = 1/2$$

遺言で指定された
Aさんの受取り分

侵害された遺留分 1/6

Aさんが実際に
受け取れる分

18 遺留分のある相続人は自分の遺留分を満たすまで取り戻せます

父が亡くなってからわかったんですが、父は、亡くなる１年ほど前、ある公益団体に、自分の家と土地を寄贈していたんです。いっしょに住んでいた母は先に亡くなってるんですが、私たち子どもになんの相談もなしというのも、ちょっとあんまりではないかと。

なるほど。お父さんは、相続人であるあなた方以外のものに対して生前贈与をなさったわけですね。そのこと自体は、あくまでお父さんご自身の自由意思でなさったことであれば、相続人といえども認めないわけにはいきません。

それはそうでしょうが、父の遺産は、その家と土地がほとんど全部で、あとは預金がわずかにあるばかりです。正直な話、私たち家族の今後の生活設計を立てるのに、父からもらえると思っていたその家と土地が大きな比重を占めていたものですから、どうにも途方にくれてしまっているんです。

お父さんが自宅を贈与なさったのは亡くなる１年前とおっしゃいましたが、正確には亡くなられたときから逆のぼって１年以内のことですか、１年よりもっと前のことですか。

亡くなったのが先月で、先方に寄贈を約束したというのがたしか……そうですね、丸１年はたっていませんね。

わかりました。実は、娘さんであるあなたには、相続にあたって「遺留分」の侵害額請求権が認められます。これは、あなたのお父さんがなさった他人への贈与のように、**相続人が相続できなくなるような財産の処分を被相**

続人がしても、決められた割合にあたる額だけは取り戻せる権利です。お父さんの財産のほとんどを家と土地が占めるとすると、それがまったく相続できなくなるような生前贈与は、あなたの「遺留分」

遺留分計算のもととなる被相続人の財産の額

相続開始時の所有財産
＋

相続開始前1年内に贈与した財産
＊1年より前でも当事者が遺留分侵害を知って贈与した財産は加える。
＊不相当に安く売った場合も加える。

相続人が受けた特別受益
＊生前贈与のうち「生計の資本」「婚姻・養子縁組のための贈与」の2つに民法の規定上（903条、1044条）は限られるが、それ以外の名目でも加える場合がある。
＊相続人への遺贈はすべて特別受益。
＊一部の相続人が受けた生命保険金も特別受益とされる場合がある。
＊相続人が受けた特別受益は1年より前のものも含めるが、10年前までが限度。10年より前になされた相続人への贈与は遺留分の支払請求にかけられない。

－ 債務の額

この額に各相続人の遺留分率をかけて、それぞれの遺留分額を出します。

を侵害しているはず。あなたは相手方の公益団体に侵害された「遺留分」の支払請求をして、一定の範囲のお金を取り戻すことができますよ。

よかった……。でも、さきほど父がした贈与の時期を気にしておられたのは、なにかわけがあるんですか？

お父さんのなさった他人への贈与の全部が遺留分侵害額請求（いりゅうぶんしんがいがくせいきゅう）の対象となるわけではないからですよ。どんなに昔にした贈与でも、相続になったら相続人に取り戻されるというのでは、贈与してもらった相手が困ります。ですから、**相続人以外の者に対する贈与では、贈与をした人が亡くなって相続が開始したときから逆のぼって1年前までのことに期間を限定しているんです**（民法1044条……ただし、贈与者も相手方もその贈与が将来の相続で遺留分を侵害するだろうと知っていたときには、死亡の1年前より前の贈与であっても、遺留分の減殺請求にかかるものとされます）。

☞ ココがだいじです！

他人になされた贈与の時期が死亡の前1年以内なら必ず遺留分の減殺請求ができます。

19 特定の相続人だけに贈与されたお金は相続のとき公平になるよう差し引かれます

父に続いて母が亡くなり、私と弟、妹のきょうだい三人がのこされました。妹は、相続分はきょうだい３人で等分だと言いますが、彼女は結婚するとき親から新居購入の頭金として600万円も援助してもらっているんです。それなのに、このたび受け取る遺産額が同じというのは納得いきません。

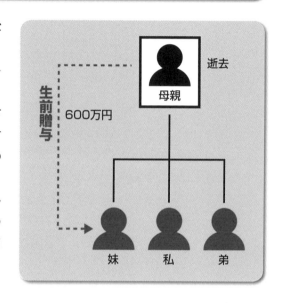

おっしゃるとおり、このまま等分に遺産分けをしたのでは、妹さんと、ほかのごきょうだいとで不公平になります。こういう場合、妹さんが前もって受け取っている600万円は「**特別受益**」（民法903条）にあたりますから、遺産分けをするときに、その分を差し引いて妹さんの受取り額を計算します。具体的な計算方法は次の項で説明しますが（⇒90ページ）、妹さん以外のきょうだいの受取り分は、均等割りよりも増えることになります。

それをうかがって安心しました。しかし、そうなると、うちの弟なんかも、その「特別受益」をずいぶん親から受けていると思うんです。弟は、中学から大学まで金のかかる私立でしたし、卒業後もずっとニートとやらで実家に住んで、親の金で養ってもらってきたんです。私など、公立の中学・

高校を出てすぐに就職し、アパート暮らしを続けていて、いっさい親に金銭的な負担はかけていません。親のスネばかりかじってきた弟の相続分は、私より少なくて当然なんじゃありませんか？

いま弟さんについておっしゃった例については、ほとんど「特別受益」といえそうにないんですよ。なにが「特別受益」になるかについては、民法903条に規定されています。

① 結婚・養子縁組のための贈与
②「生計の資本」とするための贈与

①は、娘の結婚にあたって嫁入り道具をととのえたり、持参金や支度金を渡したりといったことです。挙式費用や結納金のたぐいは含まれないとされますが、これはまあ、金額にもよるでしょう。

②は、独立開業するための資金を出してやったり、家を建ててやったり、妹さんの場合のように新居購入の頭金を出してやったりといったことが例になります。

弟のような私大への進学費用や、親元に寄生させての生活支援は「特別受益」に入らないってことですか。

親元に住まわせて通常レベルの生活費を与えるようなことは「特別受益」にあたりません。進学の費用にしても、ある種の医大のように特別に高額な場合とか、家の経済状況からして1人だけ無理をして進学させたような事情がない限りは、相続にあたって考慮すべき「特別受益」とはいえないとされているんです。

ココがだいじです！

「特別受益」は受益者の相続分から差し引かれますが、
親から受けた利益のすべてが「特別受益」になるわけではありません。

20 遺産総額に「特別受益」を足した数字をもとに相続人の間で配分のやり直しをします

うちの遺産額はざっと見積もって3000万円ほどあるんです。先ほどお話ししたとおり、妹は新居購入の頭金として親に600万円出してもらっています。私と弟、妹はそれぞれいくら相続できるか、どうやって計算すればいいでしょうか。

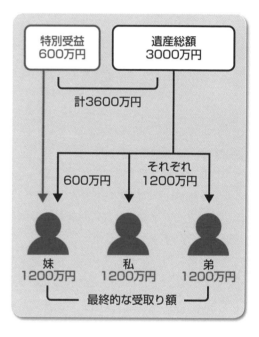

遺言はないんでしたよね。そうすると法定相続になりますから、とりあえず、きょうだいみな公平に3000万円×1/3——すなわち1000万円ずつという額が出てきます。しかし、妹さんには前もって600万円の「特別受益」があります。公平をはかるため、このぶんについて、妹さんの取り分を減らす処理をしなければなりません。そういう処理を、**特別受益の「持ち戻し」**と言っています（民法903条1項）。

というと、今回、妹の取り分を600万円ほど減らすってことですか？

ちょっとだけ違います。前もって妹さんが受け取っている600万円のうち、法定相続の割合分（1/3＝200万円）は、もともと妹さんが今回の相続で受け取れるはずだったお金です。ですから、その200万円だけは除

き、残りの400万円を、きょうだい均等割りとしたときの計算額＝1000万円から差し引きます。差し引いた残りの額が、妹さんの相続額です（＝600万円）。

そうして、差し引いたその400万円を、ほかのきょうだいに200万円ずつ振り分けて、それぞれの相続分を増やす処理をします。そうすると均等割りの1000万円が1200万円に増えます。

 なるほど。妹は今回の相続で600万円、事前の贈与で600万円、計1200万円ですから、これできょうだいみんなが公平になるわけですね。

 そのとおりです。なお、**計算の式は、相続時の財産額と、事前にあった妹さんの「特別受益」（＝生前贈与）の額を足し合わせてから計算すると簡単です**。その合計額（妹さんへの特別な贈与がなかったとした場合の本来の相続財産額＝みなし相続財産額）に、妹さん以外の相続人の法定相続の割合をかけます。そうすると、妹さんに事前に渡った特別受益のぶんを配分しなおした（＝「持ち戻し」をした）うえでの各人の受取り額が、すぐに出てきます。

遺産総額＝3000万円
妹さんへの事前の贈与額＝600万円
（3000万円　＋　600万円）×　1/3　＝　1200万円

 片や、妹さんの相続額は、この1200万円から、すでに受け取っている「特別受益」の額600万円を引いた額＝600万円となります。

1200万円　－　600万円　＝　600万円

「特別受益」があるときの相続額の計算法
① 特別受益者以外の相続人の相続額の出し方
（相続時の遺産総額　＋　特別受益の額）　×　法定相続の割合
② 特別受益者の相続額の出し方
特別受益者が自分について①の式で出した額　－　特別受益の額

親などの被相続人が特定の相続人だけにたくさん財産を渡すために、とりうる手は２つです。まずは遺言を書き、特別に受け取らせるものを指定したり、法定相続分を超える受取り割合を指定すること（**指定相続**）。指定された割増し部分は、特定の相続人が遺言によって贈与（**遺贈**）を受けたことになります（これと似て非なるものに**死因贈与**という生前の契約もあります。⇒76ページ）。

　もう１つは、被相続人がまだ生存中に特定の人に財産を分け与えること。遺贈と区別する意味で「**生前贈与**」といいます。これら２つのことで相続人が受け取る利益を、まとめて「**特別受益**」と呼んでいます。

◎遺贈や生前贈与を受けただけでは余分に受け取れない

　生前贈与も遺贈も、基本的には財産を渡す人が自由にできることですが、アテにしていた受取り分が減ってしまった側の子どもなどからすると、親のエコヒイキで（あるいはトクをした者のずるい計略で？）自分が損をさせられたと憤ってしまうこともよくあることです。

　このような渡す側と受け取る側の相いれない思いや事情を調整するために、民法ではあれこれ処理のしかたを決めています。

> ①　亡くなった人が、生前に、自分の財産を特定の相続人だけに贈与（＝生前贈与）しているとき。

　この場合、亡くなった人が「**持ち戻しの免除**」をする意思をも表示しているか否かがポイントになります。「持ち戻しの免除」をしてなければ、せっかく特別扱いで生前贈与を受けていても、相続ではほかの相続人が「持ち戻し」の処理をして、結果的には生前贈与の分と合わせて法定相続分どおりの受取り額になってしまいます（民法903条１項⇒90ページ）。

　「持ち戻し」というのは、一部の相続人が被相続人から受けた特別受益分を遺産総額に足し算して名目額を増やす処理のことです。そうやって増やした名目額（**みなし相続財産額**）を法定相続の割合で分ければ、特別受益を受けていない相続人の受取り額は増えます。一方、特別受益を受けた相

続人の受取り額は、その特別受益の分だけ差し引いて計算します。それで、最終的にはみんながちょうど法定相続分どおり受け取れるようになるわけです。

なお、正確にいえば生前贈与のすべてが「特別受益」とはならず、結婚資金とか生計の資本として受けたものに限られます。そして「特別受益」にあたるものだけ「持ち戻し」にかけるとするのが民法の規定ですが（⇒88ページ）、まとまった大きな金額なら、名目にかかわらず「特別受益」として扱うべきだとする考え方も有力で、争いになったときの裁判所の審判ではそのように判断される例もあります。

「持ち戻しの免除」というのは、「そういう持ち戻しの処理はせず、特定の相続人に渡したものは、あくまでほかの財産とは別わくの受取り分として受け取らせること」という、亡くなった人からの念押しです。この「持ち戻しの免除」が遺言などにきちんと示されていてはじめて、特別受益を受けた相続人はその受益分を相続とは別のプラスアルファとして確保できるのです。

② 遺言で特定の相続人に値打ちの高い財産を与えると指定（遺贈）してあって、ほかの相続人からは不公平だと思われるとき。

この場合も、特定の誰かが生前贈与を受けていたときと同じです（遺贈は必ず「特別受益」になります）。

遺言で特定の財産を受け取るよう指定された人（受遺者）がトクをしている分は、その指定財産を除いた残りの相続について、受遺者の相続分から差し引きます。その遺贈以外に遺言の指定がなければ、結果としては相続人がみんな法定相続の割合で遺産を分け合うことになります（なお、遺贈の場合は「持ち戻し」の処理で遺贈額を相続財産の額に加えません⇒95ページ）。

これもまた、亡くなった人（被相続人）が遺言書などに、相続とは別わくで多く受け取らせるのだから「持ち戻し」はなし、と示していない場合の話です。そういう意思表示がないということは、最終的にはほかの子らにも均等に継がせるつもりだったんだろう、と推し量ってコトを処理するのが法律（民法）の決まりなのです。

ただ、これは一般の常識とは逆と感ずる人も多いのではないでしょうか。

　そもそも生前贈与や遺贈（いぞう）は、特定の誰かを「特別扱い」したいからこそするものではないのか、と。実際、相続分の争いになって裁判所が審判を下した例をみると、亡くなった人がはっきり「持ち戻しの免除」をしていなくても、生前贈与や遺贈は特定の相続人に相続分を超えたものを与えたいからこそしたのだと認め、配分のし直しをしないものが少なくありません。

　そういうわけで、亡くなった人（被相続人（ひそうぞくにん））が特定の相続人だけに多く受け取らせる「えこひいき」をしている場合、その被相続人が「持ち戻しの免除」までしていなければ、ほかの相続人は結果的に「えこひいき」を解消して法定相続の割合で受けとれるような遺産の配分ができる、と、民法の規定だけからは言えるのです。ただ、いざ裁判所に争いが持ちこまれると、そう単純にいくかどうかはわからなくなる、ということなのです。

◎「遺留分」が最後の防衛ラインとなる

　なお、生前贈与や遺贈での特別受益分が大きすぎると、特別受益の額を受益者の相続分の方から差し引いて、相続での受取り額がゼロになっても、まだ引ききれない残りが出てしまいます。そういう**引き残りの特別受益分については、受け取ったままでいいこと**になっています。結果として遺贈や生前贈与を受けた人がほかの相続人より多くもらうことになりますが、それはもともと被相続人がそういう意向だったのだということにして、話をそこでおさめるのです（民法903条2項）。

　ただし、上のようなことで特定の相続人が被相続人の財産を多くもらった結果、ほかの相続人の「遺留分（いりゅうぶん）」まで侵害している場合には、侵害された相続人からは侵害部分にあたる金額の支払請求（**遺留分侵害額請求**（いりゅうぶんしんがいがくせいきゅう））ができます。これが遺贈や生前贈与を受けなかった側の絶対防衛ラインとなるのです。

生前贈与や遺贈で特定の相続人だけに多く与えられているとき

↓

亡くなった人が「持ち戻しの免除」をしてなければ、「持ち戻し」で不公平を解消することができます。また、遺留分は必ず請求できます。

生前贈与・遺贈と、相続にあたっての「持ち戻し」の計算のしかた

　「特別受益」の規定は、生前に（あるいは遺言による遺贈で）ほかの相続
人よりも利益を得ている相続人の相続分を減らしてバランスをはかるもの
です。

　これについて、具体的な例で、処理のしかたをみてみましょう。

> 〔事例〕　甲野さん（＝被相続人）が、奥さん（＝配偶者）と長男、次
> 男を残して亡くなったとします。
> 　甲野さん死亡時の財産の総額は2400万円でした。しかし、甲野さ
> んは、生前、長男に、独立開業の資金援助として600万円を贈与して
> いました。
> 　また、次男には、遺言で240万円の遺贈を行ないました。

　相続時の遺産総額は2400万円です。

　そして、甲野さんは長男に600万円の**生前贈与**（特別受益）を受けさせ、
次男には240万円の**遺贈**（これも特別受益）を受けさせています。公平を
はかるには、これらのお金を、法定相続のルールどおりに分けたとしたら
それぞれ受け取ることになる金額から差し引く処理をしなければなりませ
ん。

　計算の処理は、「特別受益」の額を遺産の額に足し合わせて、「**みなし相
続財産**」の額を出すことからはじめます（特別受益の「**持ち戻し**」）。相続
前に流出した金額をもとに戻して、本来ならあったはずの遺産総額になお
すのです（ここで注意することは、次男に対する「遺贈」の額は、いまの
段階ではまだ遺産から出ていっていないので、加える計算をしないという
ことです）。

> 遺産額　　　　　　　　　2400万円
> 長男への生前贈与　　　　 600万円
> 　　　　　　　　計）3000万円　⇒「みなし相続財産」の額

　出てきた「みなし相続財産」の額＝3000万円を、法定相続の割合によっ
て、それぞれに振り分けていきます。

	法定相続分		みなし相続財産		
奥さん	1/2	×	3000万円	=	1500万円
長男	1/4	×	3000万円	=	750万円
次男	1/4	×	3000万円	=	750万円

この振り分け額から、各人が受けている「特別受益」の額を引きます。

奥さん	1500万円（「特別受益」はないのでこのまま）			
長男	750万円	−	600万円	= 150万円
次男	750万円	−	240万円	= 510万円

　そして、いよいよ各人の最終の受取額を出します。次男に遺贈された240万円は、まだ受取り前で相続財産のなかから出ていっていないので、「みなし相続財産」の額を計算するときに足し合わせなくてよいのでした。「みなし相続財産」を次男の法定相続分で振り分けた額が750万円、そこから遺贈という特別受益の分＝240万円を引いて510万円という数字になったのですが、今度はこの額に遺贈された240万円を再度足し合わせないと、次男の最終の受取り額になりません。

　結局、次男については、引いて、足してで同じことになって、最終的な受取り額は750万円ということになります。

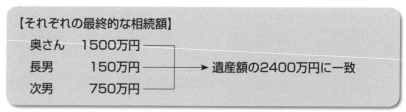

【それぞれの最終的な相続額】
奥さん　1500万円
長男　　150万円　　　→ 遺産額の2400万円に一致
次男　　750万円

　すでに述べたように(⇒92ページ)、遺産を残す者がこのような特別受益の「持ち戻し」の処理を回避し、生前贈与や遺贈を相続とは別建てのプレミア分として受け取らせるためには、遺言などの意思表示で**「持ち戻しの免除」**をしていなければならないのです。(＊)

＊結婚して20年以上過ぎた夫婦の一方が他方に居住用の建物・敷地を生前贈与・遺贈した場合には、別に書き置きなどがなくても持ち戻し免除の意思表示をしたものと推定されます(民法903条4項)。年老いて残された配偶者の暮らしを守るために法改正で設けられた規定です。

生前贈与や遺贈がある場合の遺留分を含めた計算例

父親が亡くなって、相続人は長男と次男の２人（母親はすでに死亡）。残された財産の額は200万円の預金だけだが、父親は半年前にある公益団体に2000万円を寄付しており、５年前には次男に自宅の建築資金として1000万円を贈与している（遺言も「持ち戻しの免除」もなし）。

まず、次男への1000万円の生前贈与（**特別受益**）について、これを遺産額の200万円に加算して「**みなし相続財産**」の額を出します（**持ち戻しの処理**）。

200万円 ＋ 1000万円 ＝ 1200万円

これを兄弟で折半すると600万円ずつ。次男は、すでに受けている特別受益の1000万円をこの600万円から引かれて−400万円。引ききれない400万円は返さずによしとされていて、次男の相続額は本来マイナスなのだからゼロ。

長男は、遺産の全額200万円を相続します。

さて、これで終わりではありません。父親が死亡の半年前にした公益団体への2000万円の贈与があります。こちらは相続人に最低限保証された受取額（**遺留分**）侵害の解消（支払請求）の問題です。次男への1000万円の贈与も、遺留分侵害の点から改めて問題になります。

この2000万円と1000万円を現存する遺産に加えて（相続人以外への贈与は相続開始の１年前まで、相続人への贈与は10年前までのもののみ加えます⇒87ページ）、長男と次男の遺留分額を出すための総財産額を計算すると、

200万円 ＋ 2000万円 ＋ 1000万円 ＝ 3200万円
相続時に残っていた財産　公益団体にした贈与　　次男が受けた特別受益

遺留分は、兄弟合わせた全体でこの額の1/2＝1600万円、兄弟それぞれは800万円ずつです（次男の遺留分はこの額から生前贈与＝特別受益の1000万円を引きますからゼロになります…民法1044条→903条１項）。

長男は、遺留分額800万円のところ、200万円しか現実に受け取れていませんので、侵害されている遺留分額は差額の600万円とわかります。

この侵害額の支払いを、父親から贈与を受けている相手に請求できるわけですが、受贈者は５年前の次男、半年前の公益団体の２者。こういう場合、**あとの贈与から順番に支払請求していく**（つまり、まず公益団体への2000万円の贈与分から600万円を取り戻す）、というのが民法の定めです（1047条１項３号）。

21 相続はできませんが、「特別の寄与」を金額に換算して請求できます

父は自宅で亡くなったのですが、長男である私たち夫婦が同居して、ずっと妻が献身的に世話をやいてきました。それなのに、私の妹はろくに父を見舞いもせず、まして介護の手伝いなどしておりません。それでも妹は、私と同じだけ相続を受けることができるのでしょうか。私というより、介護に尽くした妻は、いくらかでも遺産を受け取って当然だと思うのですが。

あなたの奥さんは、お父さんの相続人にはあたりません。相続人は、あなたと妹さんだけですから、相続によって遺産を受け取れるのは、あなたと妹さんだけです。

そうなんですか？　だって、父は本当に妻に感謝していたんですよ。寄りつかない妹よりも、お前こそがほんとうの娘だと、涙ながらに……。

遺言書を書いておいてくれればよかったんですがね。**これだけの財産はあなたの奥さんに譲るという遺言があれば、妹さんの「遺留分」**（⇒80ページ）**を侵害しないかぎり、奥さんはそのとおりの財産を受け取れるんです。**

遺言がないとダメということなんでしょうか。しかし、妻は父の介護に追われてパートもやめたんですよ。これは、経済的な損失を受けたということではないですか。なんにもしなかった妹に、いくらかでもツケを回せるのが筋ではないかと。

お気持ちはわからなくもないですが、そういうことを妹さんの責任によって生じた「損失」ととらえて、埋合わせをさせるようなことは、法律上は無理です。

そうなると、まったく妻の
くたびれ損じゃないです
か。長男の嫁になったばか
りに、妻は……。

 奥さんの懸命な介護が、
まったく報われないという
ことではないんですよ。要
するに、あなたの奥さんは
相続人ではないので、あな
たのお父さんからの遺産は
いっさい相続できません。
しかし、奥さんがあなたの

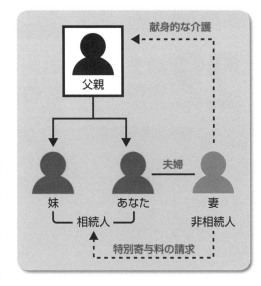

お父さんの介護に尽くしたその「**特別の寄与**」をお金の額で評価して、そ
の金額（**特別寄与料**）を相続人に対して支払ってくださいと請求すること
ができます（民法1050条）。どのくらいの金額かは、まず相続人（あなた
と妹さん）と奥さん（**特別寄与者**）とで話し合って決めますが、決められ
なければ奥さんが家庭裁判所に決めてくれるよう請求できます。

 その「特別寄与料」ってのは、妻が妹と、私に対しても請求するんですか。

 そういうことになります。相続人が複数いるときは、特別寄与料として決
まった額を、それぞれの相続人が自分の相続分の割合に応じて負担するん
ですよ。

 私はいいんだけど、妹はなんだかんだ文句を言いそうだなあ……。

 ココがだいじです！

**介護に尽くした奥さんなど（相続人でない近親者）は
相続人に対して「特別寄与料」の請求ができます。**

22 なるべく客観的な基準をベースに 相続人どうしの話合いで決めます

 前の項（98ページ）の奥さん（非相続人）のケースと異なり、あなた（相続人）自身がお父さんの介護を献身的にされたのなら、あなたはその**特別の寄与**で生じた「**寄与分**」をご自分の相続分に上乗せして受け取れます。

 それは私が相続人だからで、私の相続人としての権利ってことなんですよね。それでは、その「寄与分」の金額はどうやって出せばいいのですか。

 まず、金額算定の前提として、寄与分というものは身内としてそこそこ世話をやいたくらいでは認められないということがあります。**あくまで特別に、献身的に介護をつくしていないといけません。**また、**それによって財産が減らずにすんだという事実関係が必要です。**ということで、たとえば、あなたの介護のおかげで付添い介護人を雇わなくてすんだ、というくらいの関係があるなら、その浮いた費用を寄与分算定のベースにできます。

 私の介護のおかげで浮いた費用が寄与分の額になるわけですか。

 浮いた費用全額＝寄与分とはいかないでしょう。やはり息子として、ある程度のボランティアは当然で、お金に換算できない割合はあるというのが社会一般の見方だからです。といって、それが一律何％と決められるものでもないので、実際には相続人が集まって、話し合うしかないんです。

 なんだか適当なんですね。あと、介護保険のサービスを使えば、家族はその分ラクしたりもできると思うんですが、それはマイナス評価になりますか？

 症状が重ければ、介護保険のサービスだけで足りるわけもありません。相

当な負担があなたにかかってくるはずです。その負担の実質をよくみて、それが「寄与分」といえるほどのものかどうかを判断することになります。

 その判断というのは、結局は相続人の話合いによるんですよね。だとすると、もめそうだなあ……。

 労力ではなく金銭──介護費用として自腹で出したお金があれば、確実に寄与分を算定するベースにできるでしょう（お父さんの蓄えや年金から出したというのではダメです、念のため）。

　仮に月5万円の介護費用を出して、それが3年続いたら、年60万円×3＝180万円です。こういう費用は、本来、子どもたちが公平に負担すべきものですから、妹さんの分の90万円はあなたが余計に出していることになります。これは、満額、あなたの寄与分だと主張していいように思います。

 そのうえ父を介護した労力も、私の寄与分として加算できるわけですね。

 そこはまず相続人の話合いですが、主張はできるでしょう。たとえばの計算ですが、プロの介護人を雇えば朝～夕2万円かかるとして、身内だからとか介護は素人だとか（マイナス要素）、逆に身内だからこそ時間無制限だしストレスもかかるとか（プラス要素）で加減して、ざっくり1日5000円を寄与分と認める線で折り合えたとします。それかける3年で550万円弱。これが、あなたの寄与分です。先の介護費用の出費分を足して640万円。

 もしも妹が、そんな額、とても認められないと突っぱねた場合は？

 合意が無理なら、家庭裁判所に行って決めてもらうことができます。

 ココがだいじです！

「寄与分」の額は簡単な方程式では出せません。
最終的には相続人みんなの納得のいく額を話し合って決めます。

23 まず遺産総額から「寄与分」を引いて計算し、最後に寄与した人には「寄与分」を加えます

 遺産が3000万円あり、兄と妹の二人が相続人とします。先ほどの例のとおり、兄には640万円の「寄与分」があるとき、それぞれの相続額を計算してみましょう。

【妹の相続額】

(3000万円 － 640万円) × 1/2 ＝ 1180万円

  ↑   ↑   ↑   ↑

遺産総額　　　　寄与分の額　　法定相続分　　　相続額

【兄の相続額】

(3000万円 － 640万円) × 1/2 ＝ 1180万円

  ↑   ↑   ↑

遺産総額　　　　寄与分の額　　法定相続分

1180万円 ＋ 640万円 ＝ 1820万円

           ↑   ↑

          寄与分の額　　　相続額

 まず遺産総額から「寄与分」の額を引きます。これは、まず「寄与分」のない者の相続する額を出すための処理です。

その（遺産総額－寄与分の額）に法定相続分の割合（兄妹均等に1/2）をかけます。その数字が、「寄与分」のない妹の相続額になります。

「寄与分」のある相続人（兄）の相続額は、上のやり方によって算出した自分自身の（「寄与分」抜きの）法定相続額に、改めて「寄与分」の額を加えればいいのです。

24 療養介護と事業の支援が２つの柱ですが、「特別の貢献」のあることが条件です

「寄与分」は、次にあげる①や②のようなことで、亡くなった人（被相続人）の財産を守ったり増やしたりすることについて特別の寄与（プラスの働き）をした人に生じるとされています。

> ① 亡くなった人の事業を手伝ったり、お金を出したりした。
> ② 亡くなった人の療養介護につくした。

②についてはもう説明が終わっていますので（⇒100ページ）、ここでは①について説明します。①は、もっと具体的に言うと、**亡くなった人が会社を経営していたり、農業や漁業を営んでいたり、医院や法務・税務などの事務所を開いていたりしたとき、それらの仕事を手助けしたり、必要なお金を出してあげたりすること**です。

自営業などでは、亡くなった夫が社長で、その妻や娘が経理や総務をまかされていたようなことがよくあります（もちろん妻が社長であることも多いでしょうが）。農家や各種の事務所でも、奥さんなど一部の相続人が不可欠の働き手という例はたくさんあります。その働きが「寄与分」として評価されるのです。あるいは、息子や娘が親の事業を助けるためにお金を出してあげたようなとき、そのお金が彼ら相続人の「寄与分」とされます。

なお、会社の手伝いなどでは、身内であっても手当てや給料を払っているケースが少なくありません。そのようなときには、いくら貢献度が大でも「寄与分」は生じないとされています。親の会社にお金を出したときにも、そのぶんの株を得ているような場合は同じです。

ただし、**身内の手伝いだからといって金額が非常に安かったり、株をもらうにしても数が非常に少なかったりするときは別で、「寄与分」の主張も許されます**。どれくらいなら「非常に少ない」と言えるのかは、場合ごとに決めることになります。これも結局は相続人どうしの話合いです。

「寄与分」をどのように金額に換算すればいいかの考え方

1　労力を使った「寄与」の場合

◎**亡くなった人の事業を手伝って助けてあげた（労務の提供）。**

⇨同じ業種・規模・年齢における平均賃金額や、標準的な報酬額が「寄与分」算出のベースになります（「ベースになります」とは、出てきた金額そのままではなく、適当に割り引くことも多いという意味です）。

◎**亡くなった人の財産を管理して価値の維持につとめた。**

⇨不動産の修繕や賃貸、登記や税金の支払いといった管理をしてあげたときは、支出した費用や、管理人（管理会社）を雇ったとしたら払わなければならなかった費用が、「寄与分」を算出するベースになります。

　お金の管理・運用も同様の考え方です。

◎**亡くなった人の療養介護につとめた。**

⇨専門の介護スタッフを雇ったとしたら払わなければならなかった費用が「寄与分」算出のベースになります。

2　お金など財産を使った「寄与」の場合

◎**亡くなった人の事業にお金などの財産を出してあげた。**

⇨お金を渡す以外に、土地・建物を使わせてあげるなどの援助も含みます。

　お金はその額面の金額、不動産は相場の賃貸料などが「寄与分」算出のベースになります。

◎**亡くなった人に生活費を渡してたすけた。**

⇨渡した金額が「寄与分」算出のベースになります。

第3章

相続の承認・放棄は
どのようにすればいいのですか

◉相続の承認・限定承認・放棄の基本から、まちがってした放棄の取消しまで

　相続は、それを受けるかどうか意向を問われるまでもなく、自動的に生じるものです。プラスの資産だけならそれでもいいでしょうが、問題なのは、借金や保証など「マイナスの財産」も相続されてしまうことです。

　親や夫の借金だからといって、自分で望まないかぎりは子どもや妻が返済の義務を負わないのが、個人を尊重する現代社会のルールです。そこで、相続においても、それを放棄したり、限定的に承認して、相続人は自分で親などの借金を負わなくてもすむようになっています。

　この章では、そういうことについての知識を得ていただき、よくある疑問点についてお答えします。

1 届け出の義務はありませんが、放棄をしないと借金も相続することになります

 父が亡くなって半年がたちました。先日、友人から、裁判所に相続の承認やら放棄やらの届け出はすませたのかと聞かれ、何もしていないのであせりました。届け出の義務に違反することになるのでしょうか。

 いえ、**相続の承認も放棄も、届け出の義務はないんです。**
　しかし、だからといって、簡単に安心はできません。お父さんに借金があって、それを払うと相続の収支が赤字になるようなことがあるとたいへんです。**借金も相続財産（マイナスの財産）として相続されますからね。**

 ……相続人といっても母と私だけですし、何もかもほったらかしで。

 まあ、半年たって督促も何もないのなら、だいじょうぶかと思いますが…。
　でも、お父さんが、頼まれて他人の借金の保証人になってらっしゃるようなことは？　保証債務の場合は、すぐには督促がこなくても、将来あなたがた相続人が返済させられる可能性があります。**保証債務も、相続によって、あなたとお母さんに受け継がれるんです。**保証契約書などが家の中にないかどうか、念のためにお探しになってみてください。
　仮に大きな額の借金や保証債務があっても、相続を放棄できるのは相続の開始（お父さんが亡くなられたこと）を知ってから３か月以内なので、時すでに遅しなのですが、現状を正確につかんで対策を考えておくことは大切です。

ココがだいじです！

「単純承認」（遺産をまるごと受け継ぐ）ならなんの手続きも必要ありません。裁判所へ行くのは「放棄」か「限定承認」の場合です。

2 3か月たつと自動的に「単純承認」となって借金や債務の保証もすべて受け継ぐことになります

 父が亡くなって半年すぎましたが、まだ相続の承認も放棄もしていません。そろそろどうするかを決めた方がいいと思ってはいるんですが…。

 相続の放棄をするにも、もう期限は過ぎてしまっているんです。放棄の期限は、お父さんが亡くなったことを相続人（あなたやお母さん）が知った日から3か月までBでした。**なにもせずに3か月が過ぎると、自動的に「単純承認」といって、借金などマイナスの財産もぜんぶ相続したことになってしまいます**（3か月がくる前でも、**遺産に手をつけて売ったり使っていたりすると、その時点で「単純承認」したことになります**。たとえ少額でも亡くなった方の銀行預金をおろしてご自分の支払いにあてたりするのは危険です（葬儀やお墓の購入などに使うのは、相応な額であれば単純承認にならないとされていますが、亡くなった方に大きな借金があったりした場合、債権者はかまわず追及してきかねませんので用心は必要です）。

 え～と……じゃあ、もう手遅れってことじゃないですか。どうしよう！

 まあまあ、万が一、借金があったところで、プラスの遺産額の方が多ければ問題ないんですから、落ちついて。とはいえ、なるべく早く遺産の調査をなさった方がいいことはたしかです。借金の心配ばかりではなくて、逆に遺産のプラス額が大きければ相続税の納付期限のことがありますし、不動産や預金の名義変更も早いに越したことはありません。

✍ ココがだいじです！

相続の放棄をするのなら死亡を知った日から**3か月が期限**です。

3 3か月以内に相続の放棄をすれば相続人に返済の義務は受け継がれません

 亡くなった父には、銀行やサラ金から借りた借金がかなりあるようなんです。まだ私の方に督促などはきていないんですが、どうしたものかと……。

 借金も相続財産のうちですから、相続の放棄をしないかぎり、その返済債務もあなたが受け継ぐことになります。
　　ほかに相続人はいらっしゃいますか？

 母と、弟がおりますが。

 それでは、**借金（債務）の額は法定相続の割合にしたがって相続人に割り振られます**から（遺言でも遺産分割でも、この割合は勝手に変えられません）、お母さんが1/2、あなたと弟さんがそれぞれ1/4ずつです。

 なるほど……。相続の放棄というのは、もうできるんですか？

 ええ、もうできるというより、3か月以内にしなければなりません。正確には、**相続人が自分のために相続の開始したことを知ったとき**（親などが亡くなって、自分が相続すると知ったとき）から3か月以内です。

 ## ココがだいじです！

亡くなった人の借金は
相続人に法定相続分の割合で相続されます。
（この割合を変えるには債権者の了承が必要です）

借金は放棄し、プラスの財産だけ相続することはできますか

4 「これは受け取り、これは放棄する」というような「個別の放棄」はできません

 亡くなった父親に借金があるのですが、借金については相続放棄して、プラスの財産だけ相続できたらいいと思うのですが。

 それは無理です。あなたが選べる選択肢としては、「**単純承認**」によって借金（マイナスの財産）も含めていっさいを受け取るか、「**放棄**」によってプラスの財産もマイナスの財産もいっさい受け取らないかがあります。
相続の放棄をすれば、借金などマイナスの財産はいっさい無縁のものとなりますが、かわりにお金や不動産といったプラスの財産も受け取ることができなくなります。

 「限定承認」という、うまい手があって、借金だけは相続しなくてすむようなことを聞いたのですが……。

 「限定承認」も「承認」のうちですから、プラスもマイナスも含めていっさいを相続することにかわりはありません。ただ、「限定承認」では、相続したうちのプラスの部分でマイナスの部分を埋め合わせていって、プラスの部分が尽きたらそれで返済もおしまい、というやり方になります（⇒くわしくは116ページで）。借金は放棄して、プラスの財産だけ相続する方法ではありません。

ココがだいじです！

「承認」か「放棄」かの選択は
借金も含めてすべて受けとるか、まったく受けとらないかです。

5 返済リスクとプラスの遺産額とをよく確かめ、承認か放棄かを慎重に選びましょう

亡くなった父が、事業家の友人に頼まれて連帯保証人になってやっているんです。保証額は、なんと5000万円です！ ウチにはプラスの遺産もそれなりにあるし、相続を放棄すべきかどうか迷ってしまって……。保証人ってことは、必ずこちらにお鉢が回ってくるわけでもないでしょう。

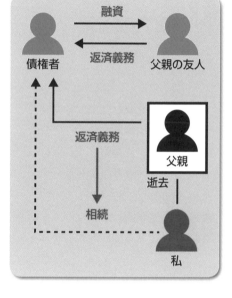

たしかにそうですね。それではお聞きしますが、今度の相続で、お金とか不動産とか、プラスの財産の額は5000万円を超えているんでしょうか。超えていれば、万一、あなたに満額、返済の請求がきても平気ですからね。

それはたぶん足りないと思います。少なくとも何百万円かは足が出るかと。

そもそも、その連帯保証はどういう種類のものなのでしょうか。一度きり借りたお金についての保証なのか、「根保証」といって、何度も貸し借りをくり返すお金についての保証なのかということです。一度きりの借金なら、返済が進んで、いまはもう残高が少なくなってるかもしれません。「根保証」だと5000万円のわく（極度額）内で借金残高が増えたり減ったりしますから、保証人でいるかぎり、5000万円、満額請求の危険は消えま

せん。

それは、カネを借りている本人か、貸してる銀行に確かめないと……。

ええ、ぜひそうしてください。保証の種類が「根保証」で、しかも期限と極度額のどちらも決めてない「包括根保証」なら、保証人（お父さん）の死後に生じた借金については相続人（あなた）は保証責任を負わないという最高裁の判決（昭和37年11月9日）があります。

　そもそも個人による借金の「包括根保証」は、平成17年4月以降の契約なら無効です（民法465条の2）。無効ではないとしても、債務者本人の資産状況がひどく悪化したり保証人との信頼関係がこわれたりすれば、保証人（保証債務を相続したあなた）は保証契約を解約できます（これも裁判所の判決…最高裁・昭和39年12月18日など）。

解約できるんなら、なんの心配もなくなるわけですが……。

保証しなければならない責任の額を知って、解約できる場合はして、だいじょうぶと判断できれば単純承認でいいでしょう。そうでなければ、保証先の資産状況もにらみつつ、そうとう慎重に考える必要があります。

「限定承認」をすれば、万一、こちらに支払いの請求がきても、自腹をきってまで払わなくていいって聞いたんですけど（⇒116ページ）。

おっしゃるとおりですが、その「限定承認」という方式を選ぶと、相続財産をつぶさに調べて目録を作成したり、債権者向けの公告を出して清算手続きに参加するように催告したり、ずいぶん大変な作業が必要になります。まずは保証債務の実態を正確に見極めることがなにより大切です。

ココがだいじです！

被相続人の保証責任は相続されますが、
相続人の責任は縮減できる場合もあります。

6 自分が相続人だと知らないうちは、放棄できる３か月の期限はスタートしません

 先日、いきなりサラ金から督促状がきて驚いたんです。私が亡くなった兄を相続したんだから、借金返済も私がすることになったって書いてあります。

 きょうだいのあなたが相続人になるということは、お兄さんにはお子さんがいないし、あなた方のご両親も亡くなられているということですか？

 親はもうおりませんが、兄の子どももおります。だけ

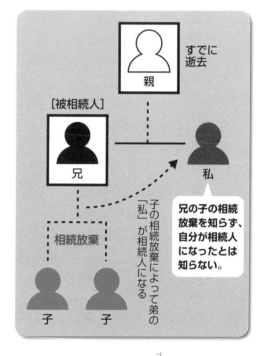

すでに逝去 親

[被相続人] 兄

私

兄の子の相続放棄を知らず、自分が相続人になったとは知らない。

相続放棄

子 子

子の相続放棄によって弟の「私」が相続人になる

ど、みんな相続を放棄したっていうんです。「親父は借金漬けだから相続なんてとんでもない」って。

 なるほど。それで、あなたにはぜんぜん連絡もしてこなかったと…。

 自分たちが相続を放棄したら、それで終わりだと思ってたらしいんです。

 お兄さんが亡くなられてから、もう３か月は過ぎているわけですね？　一応、**３か月というのが相続放棄の期限**なんですが。

ちょうど過ぎたところです。債権者は、これを待っていたんでしょう。

相続放棄の期限は3カ月といっても、いつからの3か月かという起点の取り方によって、まだあなたは相続を放棄できるんですよ。お兄さんが亡くなったことは、すぐにお知りになられましたか？

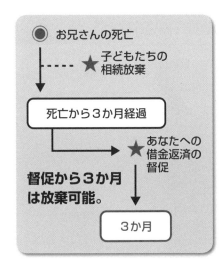

● お兄さんの死亡

★ 子どもたちの相続放棄

死亡から3か月経過

★ あなたへの借金返済の督促

督促から3か月は放棄可能。

3か月

ええ、葬式に行きましたしね。

法律の決まりでは、**相続放棄は、「自己のために相続があったことを知ったときから」3か月以内にしないといけない**とされています（民法915条）。あなたは、お兄さんの亡くなられたこと、つまり相続のあったことはすぐに知られましたが、それが「自己のために」あったことはすぐに知りようがなかった。知ったのはサラ金から督促状がきたときです。

そのとおりです。それまでは、この私が相続人だなんて毛ほども……。

お兄さんのお子さん方が相続放棄をするまでは、知るも知らないも、あなたは実際に相続人ではないわけです。ですから、**3か月の起点は、お兄さんのお子さん方が相続放棄をして、さらに連絡がきてあなたがその事実を知ったとき**と考えられます。しかし、連絡はなかったんだから、3か月の起点はついこの前、「サラ金から督促を受けたとき」だと主張できるんですよ。

自分が相続人だと知らなかったとき

自分が相続人だと知ったときが、放棄できる3か月の起算点になります。

7 やむをえない事情があれば期限を のばしてもらえる場合があります

相続人が「相続の開始したこと」と「自分が相続人になったこと」を知らないかぎり、相続の放棄ができる3か月の期限までのカウントダウンが始まらないことは、法律の規定によってはっきりしています（民法915条1項）。

「相続の開始したこと」を知るとは、**親などが亡くなった事実を知ること**です。「自分が相続人になったこと」を知るとは、前の項で述べたように、**自分より優先順位の高い相続人が放棄をしたために、思いもしなかった相続のお鉢**

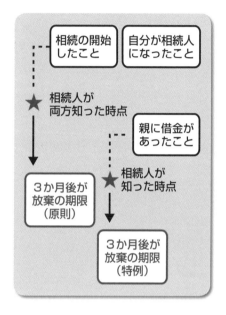

がまわってきたようなとき、その事実を知ることです。

なお、最初から相続人であるのに、法律の規定を知らないので自分が相続人とは思っていないだけの場合は、「自分が相続人になったこと」を知らなかったとは言えません。

◎マイナスの借金だけでなくプラスの貯金なども知らないことが条件

さて、「相続の開始したこと」「自分が相続人になったこと」の2つを知っていても、亡くなった人が借金（あるいは借金の保証）をしている事実まで知らないことはザラにあります。たとえば、離れて何年も音信なしで暮らしている親が借金や債務保証をしていても、相続人となった子どもはその事実に気づきにくいでしょう。ましてその親が貧窮して生活保護を受け

ているのに、1000万円もの借金の保証をしていようとは想像もしなかった、というケースでは、その言い分は、まことにもっともなことのように思われます。

　そういう場合、3か月の期限をみすみす過ぎてしまって、債権者から借金の支払いをまるごと迫られるのは気の毒なことです。そこで、裁判所（最高裁）は、次のような判決を出しました。

> 　相続放棄をしなかったのが、亡父に財産はまったくないと信じたためであり、そう信じて調査もしなかったことが父親の生活実態や音信不通ぐあいからして無理もない場合には、放棄のできる3か月の期限は、相続人が父親の死を知ったときよりも遅れて、相続人が一部でも父親の財産（マイナスの借金に限らず、プラスの財産＝貯金なども含む）の存在を知ったとき（あるいは知らなくても通常なら知るはずのとき）からカウントする（最高裁・昭和59年4月27日）。

　期限までの3か月の始まりを単純に「親に借金や保証債務があると知ったとき」からでいいとはしていません。親の借金をまったく知らなくても、原則としてはそれと関係なく3か月のリミットは近づいてくるのです。

　しかし、**「相続人が親には財産が（マイナスの借金もプラスの貯金なども）まったくないと信じていた＋そう信じたことに落ち度がない」という条件が満たされる場合には、特例的に、借金などの存在を知ったときから3か月後まで相続放棄を認めることにしたのです**［その後の例では、遺産のあることを知っていても、遺言書の内容などから自分はまったく遺産を受け継がないと信じて放棄しなかったのなら、通常の3か月の期限を過ぎても放棄を認めるとしたものがあります（東京高裁・平成12年12月7日決定など）］。

> **亡くなった人の借金・保証を知らなかったことが無理もないとき**
>
>
>
> **亡くなった人の財産（プラスの貯金なども含む）に気づいた（または普通なら気づくはずの）ときが3か月の起算点になります。**

8 「限定承認」を選べば相続人は自分の 財産からは支払わなくてすみます

先日亡くなった父の文箱を整理していたところ、借金の証書が出てきたんです。父がやっていた小さな食堂の運転資金用に借りたものなんですが、2000万近くあるんです。それで、私の相続、どうしたものかなあ、と。

そうですか。まずお聞きしますが、今度の相続で、お金とか不動産とか、プラスの財産の額は、借金の2000万円を超えていそうですか？

それがどうにも微妙でして。遺産といっても、親父は古いマンション暮らしで、売ってどの程度の金になるもんやらわかりませんし。まあ、よくてぎりぎりかと思いますが、案外マンションが高く売れたりすると……。

結局、いろいろきちんと調べてみないとわからないということですね。そうすると、選択肢としては「限定承認」という方式があります。
　「限定承認」というのは、**相続人が、相続した財産のプラス分を使ってマイナス分（亡くなった人の借金など）を支払い、プラス分が尽きたら支払いもおしまい、という方式です。**つまり、相続人が、自分の財産を持ち出してまでは、亡くなった人の借金を払わなくていいわけです。
　もちろん、支払い額がプラス分より少なくてすめば、余ったぶんはあなたのもとに残ります。

それはいいじゃないですか。それでいきましょう。

ただ、この方式には面倒なところもあるんです。なにしろ受け取ったプラス分だけで返済打止めにするわけですから、そのプラスの財産がどれほどあるのか、きちんと目録を作って明確にしないといけません。この目録を

家庭裁判所に持っていって「限定承認」の申立てをしますが、もし相続人がほかにもいれば、全員一致で「限定承認」を選んでいることが条件です。

全員一致が条件ですか。だったら弟の意向も確かめないと……。

申立ての期限は、お父さんが亡くなったことをあなたがた相続人が知ってから３か月以内ですから、調査や鑑定に時間がかかると間に合いません（延長も３か月程度はできますが）。

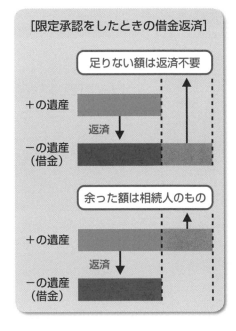

[限定承認をしたときの借金返済]

足りない額は返済不要

＋の遺産

返済

－の遺産
（借金）

余った額は相続人のもの

＋の遺産

返済

－の遺産
（借金）

　それ以外にも債権者に向けて公告したり、返済のために不動産を競売したりといった手続きがあって、手間ヒマ費用が半端でなくかかります。弁護士に頼めば、また出費がかさみます。

なるほど、ずいぶん面倒くさそうなもんなんですね。

ですから、この「限定承認」は、お得な方法のわりには、あまり利用されていないのが実情です。

　そもそも収支がプラスかどうか微妙な場合のための制度ですから、いろいろ手続きにお金を使ってれば、まず足が出ます。それなら、相続放棄の方が単純かつ経費ゼロでいいという人が多いんです。

☞ ココがだいじです！
「限定承認」なら相続人自身の財産は安全ですが
面倒な手続きがあって時間や経費がかかります。

9 詐欺や強迫によってした放棄なら あとで取り消すことができます

 父が亡くなり、母と兄と私がのこされました。母はもう寝たきりに近い状況なんですが、母の介護の面倒は兄夫婦が全部みるからというので、かわりに私は相続を放棄したんです。お金や労力の面で、兄夫婦もきっと大変だろうと。

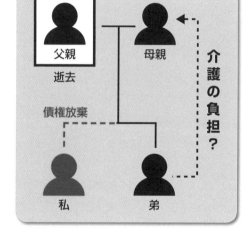

図中のラベル：父親 逝去／母親／介護の負担？／債権放棄／私／弟

 そうですか。そういうご事情なら、いまはあなたが相続を放棄して、お兄さんと負担を分け合うのも、理にかなったやり方です。

 それが実はとんでもなかったんです。なんと、兄が、さっさと母を特養老人ホームへ入れて、すました顔をしているんです。ひどくお金がかかったというならともかく、公的施設で費用なんかほとんどいらないのに、私にはなんのあいさつも、お金を返すという話もありません。それなら、こちらも相続の放棄を取り消してやろうと思っているんです。

 ご相談の向きはよくわかりました。しかし、結論から申し上げると、**一度してしまった相続放棄の申し出を取り消すのは、ものすごく難しいことなん**です。今回のケースでは、まず認めてもらえないと思います。

 相続放棄をしてしまったら、なにがあっても取消しはできないんですか？

もちろん相続放棄の取消しが認められるケースも、ないわけではありません。たとえば、次のようなケースです（民法919条2項）。

・強迫されて放棄をした。
・だまされて（詐欺にあって）放棄をした。

私は、まさに、兄にだまされて放棄をしたわけじゃないですか！

「だまされた」といっても、お兄さんには、やってはみたけど自宅介護はやはり無理だったとか、いろいろ事情がありうるし、最初からあなたをだますつもりだったとは決めつけられません。詐欺とまで言うのは無理でしょう。

なにかいい手はないでしょうか。このままでは自分がばかみたいで……。

今回、あなたはお父さんからの相続を放棄しましたが、お母さんからの相続まで放棄したわけではありません。いずれはお母さんからの相続があるでしょうから、そのときに、あなたが今回放棄したぶんを取り戻すんです。

つまり、母からの相続で、今回放棄したぶんだけ余計にもらうわけですか。

そういう方針でお兄さんとの協議にのぞむということです。お母さんに、そのあたり配慮した遺言を書いてもらえればいいのですが、無理に書かせてもいけません。
　最終的には、**家庭裁判所で調停にかける**手もあります。

✍ ココがだいじです！

してしまった相続放棄を取り消すことは、たいへん難しいので、よく考えてからすることです。

10 強迫や詐欺によってした放棄の取消しは その状況を脱してから6か月が期限です

　一度してしまった相続放棄は、取り消せない（正確な言葉では「撤回」できない…民法919条）のが原則ですが、おどされたり詐欺にあったりして相続の放棄をしたときには、民法の規定にしたがって、その放棄を取り消すことができます。このことはすでに説明しました。

　ほかにも、**未成年者が法定代理人（通常は親）の同意を得ないでした相続放棄**、あるいは**成年被後見人（認知症などによる判断力の低下で家庭裁判所から特別の取消権を与えられている人）がした相続放棄**なども、あとから取り消すことができるのです。

　相続の放棄を取り消すときに気をつけなければならないのは、**取消しをするにも期間の制限がある**ということです。

[相続の放棄を取り消せる期間]
・強迫されて放棄した　⇨　強迫による恐れを脱したときから6か月
・詐欺によって放棄した　⇨　だまされていたと知ったときから6か月
・未成年者が放棄した　⇨　20歳（成年）になったとき、あるいは結婚をしたときから6か月
・成年被後見人が放棄した　⇨　家庭裁判所の「後見開始の審判」が取り消され、かつ、相続放棄したことを本人が知ってから6か月

　上の多くは、期間の始まりの時点（起算点）が「いつ」と固定されていません（「知ったとき」だと、知らないかぎりずっと期限もこない）。それで、もう一つ、起算点がはっきりした期限がもうけられています。

・どんな場合でも、相続の放棄をしてから10年で取消権は消滅する。

第4章

実際の遺産分けは
どのようにすればいいのですか

◉遺産分割の基本ルールから、分割協議のベースとなる資産評価のやり方まで

遺産の受取り分に関する法律の決まりを知っているだけでは、遺産分けは進みません。法律（民法）は、相続人がどれだけ遺産を受け取れるかについて、遺産の「何分の何」としか決めてくれていないからです。

遺言に「誰が何を受け取る」と指定してある場合も、事情によっては、それと違った分け方をしなければならないこともあります。

そういったことのために、相続人が集まって、「この土地は誰」「この預金は誰」というふうに、具体的に受取り分を決めていく話合いが必要です。これが遺産分割協議です。

こここそまさにトラブルの多発する相続の難所でもありますが、相続のルールと、遺産の値段を見積もるやり方をふまえて協議にのぞめば、必ず無事にこの難所を乗り越えられるはずです。

1 相続人それぞれが遺産の中からなにを受け取るか全員一致で決めていく手続きです

 父が亡くなって、もうすぐ四九日の法要ですが、遺産分けのことがなんにも進んでいません。できればその席で、きょうだいたちと話をしたいのですが。

 そうですか。お父さんの遺言状はありますか？

 探しましたが、遺言状はないようです。

 遺言がないとすると、民法の決まりに従った法定相続になります。民法は、相続人がどれほど相続するかについて、割合（遺産総額の何分の何か）でしか決めていませんから、実際に誰がなにを受け取るかについては、法律とは別に、相続人どうしの話合いによって具体的に分けかたを決めなければなりません（この家は誰、この自動車は誰、というふうに）。これが遺産分割の話合い（**遺産分割協議**）です。

 民法の決まりというと、私たちの場合の分け方はどうなるんでしょう。母と、私と、弟、妹の4人なんですが。

 法定相続分の規定（民法900条）では、お母さんが相続財産の1/2。あなたがたきょうだいが合わせて1/2、1人ずつなら1/6です。この割合にしたがって、お父さんが残された財産を分け合うことになります。

 なるほど……。しかし、そういわれても、そんなにきっちり、決まった割合どおりに分けられますかね？　お金ならいいですが、家とか、ほかのいろいろなものは値段も正確にはわからないし。

そのとおりです。だからこそ、相続人が話し合って具体的な取りぶんを決める遺産分割協議が必要になるんです。**この協議の結果、民法の決めた割合どおりに遺産が分けられなくても、それはぜんぜんかまいません。**

えっ、法律に違反していいんですか？

違反ではありません。民法自体が、遺産を何分の1かずつきっちり正確に分けるなんてことは無理だから、相続人の話合いでほどよく折り合いなさいと、わざわざ遺産分割の規定を置いてくれているんですよ。

そうなんですか。そういう柔軟さはありがたいですね。

そのかわり、**相続人の全員一致が絶対条件**です。多数決など論外です。全員異議なしであれば、どうぞ自由にお決めくださいということです。

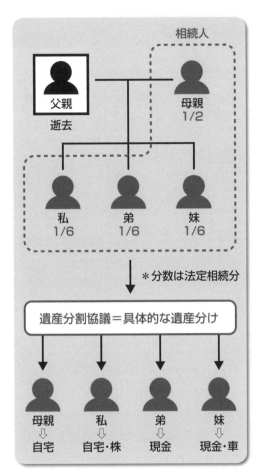

ココがだいじです！

遺産分割協議が成立する条件は
①相続人の全員が　②そろって賛成することです。

2 いつまでとは決まっていませんが、早いに越したことはありません

 父が亡くなりました。相続人が集まって遺産分けの話合いをしなければなりませんが、なかなか日取りを決められないでいるんです。期限があるんだったら早くしなきゃって、思ってはいるんですが……。

 なるほど。しかし、**遺産分割じたいには、いつまでやらなければいけないという期限はないんですよ。**

 そうなんですか？　だったら、もうしばらく放っておいてもいいですよね。

 ただ、財産分割には期限がないとはいっても、あたりまえのように放りっぱなしにしていいわけではありません。遺産がたっぷりあるおうちなら、相続税申告書の提出期限（「被相続人が死亡したことを知った日の翌日から10か月以内」）までに遺産分割をして、**相続人それぞれの税額を決めたり、税額軽減のための手続きをしないといけない、という意味でのリミット**はあります（たとえば相続人が3人の場合なら、遺産の額が**4800万円以上**だと相続税が生ずる可能性があります⇒152ページ）。

　それに、**不動産や銀行預金などは、受取り人を決めたあとで名義変更の手続きが必要になります。**これを終えないと、せっかくの遺産を、ご自身のために利用することができませんからね。

　そういったことがありますから、遺産分割はなるべく早いに越したことはないでしょう。

 ココがだいじです！

遺産分割はできる限り10か月以内にやりましょう。

3 ひとところに集まらず、順番に協議書に署名・押印をしていってもかまいません

そろそろ相続人が集まって、遺産分割の話をしようと思っているのですが、相続人の数が多く、遠方に住んでいる者もいて、全員集まるのは大ごとなんです。弟など、外国にいますし。

たしかにそれはたいへんですね。遺産分割は相続人が全員そろって意見が一致しないとできないことですし、その協議は全員で集まってやるのが基本ではありますが、**どうしてもひと所に集まらないとだめというわけではないんです**。

　たとえばですが、集まれる人だけで作った協議書を、来れなかった人に郵送して、署名・押印のうえで送り返してもらってもいいでしょう。

それで、最後に全員一致の協議書ができればOKなんですか？

そういうことです。ただ、協議の場に参加できなかった人には、事前に電話やメールなどで内容をよく説明して（必要があれば、まず草案を送ったり、別の席で直接会って説明したりして）、しっかり了解をとっておく必要があります。いよいよ正式な遺産分割協議書を不参加だった人に送って署名とハンコをもらおうと思っても、その段階で1人でも協議書の内容に不同意の人が現れたら、すべてがムダになってしまいます。

　遺産分割は全員一致が大原則なのですから、回り持ちでさっさと片づけよう、などと安易に考えていると、いい結果にはなりません。

 ココがだいじです！

遺産分割は全員一致が大原則ですから安易なやり方では失敗します。

4 役所や裁判所に提出する必要はありませんが 遺産の名義変更で必要になることがあります

 できあがった遺産分割協議書は、裁判所とか役所に届ければいいんですか？

 いえ、**遺産分割協議書は、裁判所にもどこにも届けなくてけっこうです。** それぞれの相続人が、ご自分で最低１通ずつお持ちになっていてください。

 だったら、人数ぶん作らないといけないことになりますね。

 そのとおりです。１人１通ずつというよりも、**遺産分割協議書は亡くなった人の預金を引き出したり、不動産の登記を移したりするとき必要になりますから、必要となる通数を前もってよく考えて、多めに作っておくと**いいでしょう。

 １通だけ原本を作って、あとは必要なだけコピーをとっておくやり方じゃだめですか。

 控えにするだけならコピーでもかまいませんが、名義変更のため銀行や登記所へ提出するのなら原本でなければいけません。提出した原本を返却してもらうには別の手続きがいりますから、前もって必要なだけ原本を作っておく方が便利です（なお、原本の数だけ、それに添付する相続人全員の印鑑証明書も必要です）。

ココがだいじです！

名義変更で必要となる数を考えて複数の原本をつくっておくと便利です。

[遺産分割協議書のサンプル]

遺産分割協議書

　被相続人甲野太郎の遺産（別紙遺産目録記載のとおり）について、相続人である甲野春子、甲野一志、乙山夏美は分割協議を行なった結果、各人がそれぞれ以下のように遺産を分割し、受け取ることに決定した。

１．甲野春子は、次の遺産を受け取る。
　⑴　〇〇市〇〇町１丁目１番
　　　　宅地　　〇〇〇・〇〇平方メートル
　⑵　同　所
　　　　家屋番号　３番
　　　　木造瓦葺　２階建居宅１棟
　　　　床面積　１階〇〇平方メートル
　　　　　　　　２階〇〇平方メートル
２．甲野一志は、次の遺産を受け取る。
　　　　〇〇銀行〇〇支店の定期預金
　　　　（口座番号××××××××）金3,500,000円
３．乙山夏美は、次の遺産を受け取る。
　　　　株式会社〇〇製作所　株式１万2,000株
４．本協議書に記載のない遺産については、甲野春子が受け取る。

　上記のとおり相続人全員による遺産分割協議が成立したので、これを証するため本協議書を作成し、各自署名押印する。

　　令和〇〇年〇月〇日

〇〇県〇〇市〇〇町１丁目１番１号　　甲野　春子　㊞
〇〇県〇〇市〇〇町３丁目２番４号　　甲野　一志　㊞
東京都〇〇区〇〇町２丁目７番８号　　乙山　夏美　㊞

（別紙）遺産目録

　　㊞　　　　　　㊞　　　　　　　㊞

不動産の表示は、登記簿を調べて、その表示に従って書きます（通常の住所表示と登記簿の表示は違いますので注意してください）。名義変更のさいに、登記簿の表示で申請書をつくることになります。

銀行預金は、銀行名、預金口座のある支店名、預金の種類と口座番号、金額まで記して、誰が、どの預金をいくら受け取るのか、明確に特定できるようにします。

重要度の低い雑品を、まとめて書くときの書き方です。

日付けは必ず記入します。

名前は直筆でなくてもかまいませんが、直筆の方が証明力が高まります。

押印は、市区町村への登録印（実印）を押します。この遺産分割協議書にもとづいて遺産の名義変更をするには、協議書の原本とともに印鑑証明書の提出を求められます。

＊複数枚になるときや、別紙の目録をつけるときは、協議書に押したものと同じ印鑑で、全員が割印をします。

5 相続人の全員一致なら遺言の 指定とは違う遺産分割もできます

 亡くなった父親が遺言状を残していまして、経営していた洋服店を私に譲ると書いてあるんです。私を社長にして、経営に関する権利一切を引き継がせるということなんですが、父の生前、私は「あとを継ぐ気はないよ」ときっぱり断っているんです。だけど、父はあきらめていなかったんですね。

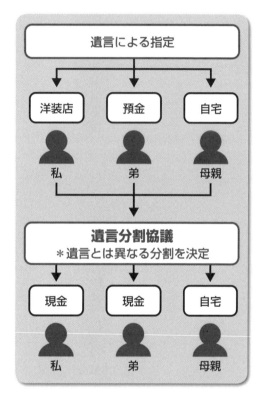

 ほかにごきょうだいはいらっしゃいますか？

 弟が1人おります。親父は、弟には預金などをやって、バランスをとったつもりらしいんです。

 弟さんにも、お店を継ごうという気はないわけですね。

 弟も、私と同じく勤め人で、いまさら店を継ごうなんて気はありません。弟とは、いっそいまの店を壊して、土地を売って代金を分けようか、などと話をしています。そこのところ、母はなにやら不賛成のようなことを

いっておりますし、私らとしても、親父の遺言は遺言なので、それをまったく無視していいものかどうか、ちょっと悩んでいるんです。

これは、法律的に言うと、遺言で遺産分割の指定がされているとき、相続人たちがそれにしたがわず、遺産分割協議によって遺言とは違った分割をしていいのかどうか、という問題です。

　結論を申し上げると、**相続人たちの遺産分割協議によって遺言の指定とは違った遺産の分け方をしても、それはまったくもって有効です。**

　ただし、遺産分割協議は相続人の全員一致がなければ成立しませんので、遺言とは別の分け方をするにしても、**必ず全員の賛成が必要です。**おたくの場合には、お母さんの説得がカギになるようですね。

それは、もしお袋も賛成してくれるのなら、ぜんぜん親父の遺言を無視してもかまわないってことですか。少しくらい遺言どおりでないといけないなんてことは……？

もちろん、遺言によって分け方の指定があれば、そのご遺志にしたがった分割をするのが筋だとは思います。

　ただ、遺族の側にもいろいろ事情がありますから、極端な話、**遺言をまったく無視するような遺産分割をしても、相続人の全員一致による結論であるかぎりは、法律上OKだということなんです。**

そうなんですか。それなら、私が親父の店を継がないことも……。

はい、できますし、お店の土地を売ることも、相続人全員が賛成ならば可能です。

 遺産分割のルール ・・・・・・・・・・・・・・・・・・・・・・・・・・・・・・・

遺言がない ⇨ **法の決める割合にもとづいた遺産分割**
遺言がある ⇨ **遺言の指定にもとづいた遺産分割**
＊ただし、相続人の全員一致なら自由に分割してかまいません。

6 亡くなった人本人だけでなく その親の戸籍も調べる必要があります

 亡くなった兄には子がなく、親ももうおりませんので、私たちきょうだいが相続人になるそうなんです。それで、遺産分割協議を相続人全員で集まってやることになりまして…。

 相続人は何人ですか？

 私と弟、妹の３人です。

 本当に相続人はそれだけか、**戸籍の調査**はしていますか？

 ええと…戸籍というと、兄の？

 はい、亡くなったご本人の戸籍（正しくは「**除籍**」⇒42ページ）はもちろん、あなた方の親御さんの戸籍（これも「除籍」）も調べる必要があります。

 いったい戸籍で何を調べるんですか？

 亡くなったご本人の戸籍（除籍）についていうと、実はお兄さんには子どもがいるのではないかということ。あるいは養子がいるケースもありえます。

130

そうは言っても、兄のかみさんは早くに亡くなって、子どもはできなかったんです。養子なんて話は聞いたことも……

奥さん以外の女性との間にできた子を認知していることもあるでしょう。**認知した子どもがいれば、その子だけが相続人で、あなた方ごきょうだいには相続権がありません（養子がいても同じです）。**

　それにあなた方に黙って新しく入籍した奥さんがいたとしたら、ごきょうだい方の相続分が減ります（奥さん＝3/4、きょうだい＝全員で1/4）。なによりその奥さんに声をかけないと遺産分割協議が成り立ちません。

しかし、あの生まじめな兄が、隠し子など……。

これは可能性の問題です。それに、親御さんの戸籍（除籍）についても、たとえばお父さんが外の女の人に産ませた、あなたがたの知らないきょうだいのことがのっていないかどうか。あるいは、こちらにも養子がいないかどうか。いれば、あなたがたと均一の相続権を持つ人ですからね。

まさかあの親父がとは思いますが、万が一ということなら……。

あとで「見知らぬきょうだい」が現れたら、遺産分割協議はやり直しになりますから、用心は大切です。それに、**遺産（銀行預金や不動産など）の名義をあなた方に移すとき、お兄さんとご両親の戸籍（正しくは「除籍」）謄本の提出を求められますので、戸籍の調査を欠かすことはできません。**(*)

*法定相続情報証明制度を利用すれば手続きのたびに戸籍を用意する手間を省けます（48ページ）。

> ## 遺産分割協議の前にそろえなければならない戸籍謄本は？
>
> ▼
>
> ① **亡くなった人本人の現在の戸籍（除籍）謄本**
> ② **亡くなった人の親の戸籍（除籍）謄本**
> 　＊①からさかのぼって②にいたるまで、転籍や電子化で戸籍が新しくなっていれば、新しくなる前の戸籍を全部そろえてつなげます。

7 1人がまるごと受け取り、他の人にはお金を払って釣合いをとるなどの工夫をします

 父親が亡くなって、相続が起こりました。遺産のうちで値打ちのありそうなのは、父親がのこした家と土地だけです。この不動産を、相続人の間でどうやって分けたものか悩んでいます。

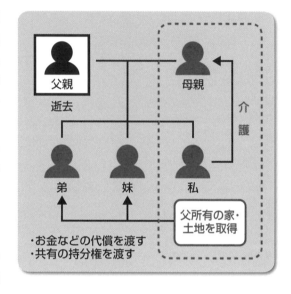

弟・妹
・お金などの代償を渡す
・共有の持分権を渡す

私
父所有の家・土地を取得

介護

 いちばん簡単なのは、売ってお金に変えてから分ける方法です（**換価分割**）。

 実は、老いた母がまだ生きておりまして、これからは私と妻が母の面倒をみていくことになるんです。母も長年住んでいた家を離れたくないでしょうし、遺産分けの都合だけで家を売るというわけにも……。

 そうすると、次の2つの手が考えられます。1つめは、あなたとお母さんとで家と土地の権利はすべて受け取ります。そのかわり、ほかのごきょうだいには、現金などを多く配分して釣合いをとる方法です（**代償分割**）。

 しかし、最初に申し上げたとおり、めぼしい遺産は家と土地だけでして、弟や妹に分け与える現金など、ほとんどないんです。

そうおっしゃいましたね。今回のケースでは、あなたはお母さんの面倒を いっさいみて、自分で費用も出すわけですから、それがごきょうだいへの 代償ぶんの支払いともいえます。損得の計算にこだわると難しくなります が、彼らにもお母さんの扶養義務はあなたと等分にあるんですから、いっ そ今回の相続は放棄してもらってはいかがでしょう。そして、あなたも いっしょに相続を放棄するか、放棄しなくても家・土地の権利はすべてお 母さんのものとします（遺留分の支払い請求権が生じても行使せず…）。そ して、**将来、お母さんが亡くなられたとき、家と土地を売って、損得なし で納得のいく金額をごきょうだいで分け合う、という方法**です。

なるほど。母が生きてるかぎりで家の売却を先送りにするわけですね。
＊「配偶者居住権」の設定による場合は次ページ参照。

そういうことです。2つめの手段として、家や土地を何分の1かずつ権利 の割合（持ち分）で分けて持つ方式もあります（これを所有権の「共有」 と言います…**共有分割**）。これなら、売ってお金に替えなくてもよし。

しかし、弟や妹に持ち分を渡したからといって、実際に家に住んで使って るのは私だけなのはずるいなどと、文句を言われたら……。

そういうときの手としては、ほかのごきょうだいに、**もしこの家と土地を 借りたとしたら払うであろう賃料相当額を、ごきょうだいがたの共有持分 に応じて支払う方式**があります。ただ、これについても、お母さんの介護 の負担と差し引きで、賃料相当分の支払いをナシにするよう主張していい でしょう（そもそも共有分割はあとあと処分や管理の面で紛争を生じやすく、できる だけ避けた方がよいことについて142ページ参照）。

 不動産のように切り分けられないものの分割法は？

①**売ってお金に変えてから分ける方法（換価分割）**
②**1人がまるごと受け取り、ほかの人にはお金を渡す方法（代償分割）**
③**所有権を「共有」の形式で分け合って持つ方法（共有分割）**

「**配偶者居住権**」とは、亡くなった人と同居していた配偶者（妻または夫）がその居宅の所有権を受け継がなかったときでも、「配偶者居住権」を得ておけば、当人が生きている限りはそのまま住み慣れた家に無料で住み続けることができるという権利です（民法1028条……施行は2020年4月1日）。

　甲野太郎さんが亡くなり、その妻（配偶者）の甲野春子さんと、子の甲野一郎さん、乙川夏代さんが残されたときの相続を例に考えてみましょう。

　甲野春子さんは亡き夫と長く住んできた家に今後も住み続けたいと望んでいます。彼女も亡くなった夫同様に年老いた身で、いまさら住み慣れた我が家を離れることは避けたいのです。

◎連れ合いに先立たれた配偶者の暮らしを守るための制度

　しかし、一般に、家と土地の所有権を誰かがまるごと相続すると、遺産のうちのたいへんに大きな割合を受け取ることになるのが普通です。春子さんの場合もその例に漏れません。配偶者である春子さんの法定相続分は遺産の2分の1ですが、家と土地のほかに預金などの遺産が充分にはなく、夫が春子さんに家と土地を受け取らせる旨の遺言を残してくれてもいなかったので、家・土地をまるごと受け取ると春子さんの受取り分が法律上受け取る権利を持った割合＝2分の1を軽く超えてしまいます。

　このような問題を解決するための選択肢の一つとして、新しく相続法に盛りこまれたのが「配偶者居住権」の規定なのです。

　春子さんは亡くなった夫とずっと住んできた家と土地の所有権を子に譲ります。そのかわり、その家についての「配偶者居住権」を設定してもらいます。そうすると、**春子さんはその居住権にもとづいて、自分が亡くなるまでずっとその家と土地に住み続ける権利を保証され、万が一、所有者となった子がその家と土地を売った場合にも、買主に対して自分の居住権を主張することができます**。所有者である子の方は、母親が亡くなって「配偶者居住権」が消滅するまでは、その不動産を自分で利用することができません。

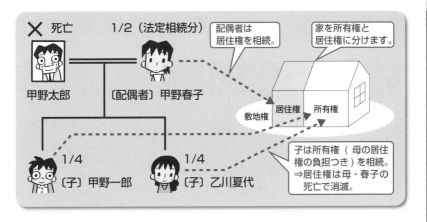

図中のテキスト：
- ✕ 死亡
- 甲野太郎
- 1/2（法定相続分）
- 〔配偶者〕甲野春子
- 配偶者は居住権を相続。
- 家を所有権と居住権に分けます。
- 居住権　所有権
- 敷地権
- 1/4
- 〔子〕甲野一郎
- 1/4
- 〔子〕乙川夏代
- 子は所有権（母の居住権の負担つき）を相続。⇒居住権は母・春子の死亡で消滅。

◎「配偶者居住権」も値付けされる相続財産

　この「配偶者居住権」は、それを取得する配偶者（春子さん）の年齢から平均余命までの年数＝すなわち配偶者居住権の推定存続年数などをもとに、**所有権まるごとの場合よりも割り引いて安くした値段**をつけます。こちらが安くなっただけ、配偶者には自分の相続分の範囲内で、遺産のうちの現金をも受け取る余裕が生まれ、老後資金を確保できるだろうという狙いです。

　なお、その家が建つ土地も子の所有物となりますが、「配偶者居住権」が設定されると、配偶者は**その土地の上に家を建てておくための敷地利用権**も得ることになります。

　配偶者居住権は必ず設定しなければならないというものではなく、あくまで遺産を分ける際に選べるメニューのひとつ。「配偶者居住権」を設定するには、遺産分割時に相続人どうし（残された配偶者と子など）の話合いによるか、被相続人が配偶者のために前もって遺言を書いて遺贈してあげる方式があります。

　遺言がなく、子が母親（春子さん）の希望に反して「配偶者居住権」を認めようとしないときには、春子さんは**家庭裁判所に審判を申し立てれば、諸事情を裁判所が調べたうえで決定を出してくれる**ことになっています。ただし、子の側の不利益と春子さんがその家に住む必要性とをハカリにかけて判断するので、必ず「配偶者居住権」を認めてもらえるわけではありません。

8 公的な評価額をベースにできますが 厳密にはいくつもの評価法があります

 親ののこした家と土地が、実際、いくらになるのかがわかりません。きょうだいで遺産分けをするためや、相続税を払わないといけないかどうかを知るためにも値段の見積もりをしたいのですが、どうすればいいでしょうか。

 不動産の値段（評価額）というものは、実に見積もりが難しくて、ぴったり正確な額をはじき出すというわけにはなかなかいきません。**売却してお金にかえるおつもりなら、実際に売れた額がまさにその不動産の評価額で、その額をごきょうだいで分ければすむ話です。**売らずに、値段だけ見積もって、遺産分けの計算のベースにするということならば、まず相続人がたが納得のいく評価のしかたを選ぶ必要があります（相続税については**「路線価」**または**「評価倍率」**という公定の基準によると決まっています⇒154ページ）。

 不動産のいろいろな評価のしかたというと、どんなものがあるんですか。

 一般に、次の3つが評価法としてあげられます。

[不動産の評価の方法]
①原価法　⇨　主に建物の価格をはかる方法。新たに建築するとしたらかかる金額をベースに、現在の値段を見積もる
②比較法　⇨　同種、同条件の物件の実際の売買事例を調べる方法
③収益法　⇨　その物件の賃料相場と利回り（5〜10％程度）を決めて、その数値から現在の値段を割り出す方法

　　不動産の値づけの専門家は**不動産鑑定士**ですが、かれらはこの３つの方法をケースによって使い分けたり織りまぜたりして、値段を鑑定してします。

その不動産鑑定士に鑑定を頼むことはできるんですか。

もちろんできますが、鑑定料がかかります。金額は、物件の価格（高いほど鑑定料も高い）や構造上の難易（更地なら簡単で安い）、求める鑑定の精度（正規の鑑定評価書を作らない簡易鑑定なら安い）などによって変わりますし、依頼する事務所によっても異なりますが（事前に聞く必要があります）、更地の簡易鑑定でもざっくり10万円くらいはかかるでしょう。

なるほど、それなりのコストにはなりますね。それでも専門家に頼んだ方がいいでしょうか。

それはケースバイケースです。相続人どうし争いになりそうで、値づけについてもぜひ厳密公正に、ということなら、専門家に頼むのがいいでしょう。そうでなければ、たとえば聞ける範囲で近くの不動産屋さんに相場を聞いてみてもいいし、役所（市町村役場や税務署）が公表している公的な評価額を調べることもできます（⇨くわしくは次ページ）。

役所の公的評価があるのなら、それにしたがうのが一番じゃありませんか？

そう単純にも言えません。**役所の評価というのは、税金（固定資産税や相続税）をとるために不動産の値づけをしているものなので、「値づけが高すぎる」と文句が出ないよう、実際の相場よりは安くつけられています。**それを承知で、適当に値段を割増しして考えれば、参考にできると思います。

　不動産の値段を調べる方法

・**市町村役場や税務署にある不動産の評価額を調べる。**
・**近場の不動産屋さんで取引きの相場を聞いてみる。**
・**お金はかかるが不動産鑑定士に鑑定をしてもらう。**

9 「固定資産税評価額」や「路線価」を利用する方法があります

 不動産の値段に関する役所の公的評価には、次のものがあります。

> **A．固定資産税評価額**
> ⇨市区町村役場の税務課（東京23区は各区の都税事務所）にある固定資産課税台帳で調べます。毎年6月ごろ税務署から所有者あてにくる課税通知にもこの評価額が記載されています。
>
> **B．路線価（町なかの土地のみが対象）**
> ⇨その不動産のある市区町村の税務署で「路線価図」を閲覧します。「路線価図」は国税庁のホームページで見ることもできます。

上のAは、固定資産税をとるために市町村がつけている値段です。土地と家と両方について値づけされていますが、**家については、この固定資産税評価額が唯一の公的評価**です。建築費の見積もりや建築後の年数などから出した額ですが、そのままを遺産分けに際して参考にすることが普通です。

土地については「**公示価格**」（国による全国の標準地の評価額）の70％を目安に値をつけます（「目安」なので70％でないこともあります）。つまり、固定資産税評価額を0.7で割り戻せば、「公示価格」という公的評価にもとづくその土地の値段がわかる、と、一応は言えることになります。

上のBは、**相続税をとるために国税庁がつける土地の値段**です（くわしくは154ページ）。こちらは「公示価格」の80％を目安に値づけをされています。したがって、路線価による土地の評価額を0.8で割り戻せば、「公示価格」にもとづくその土地の値段が出てくることになります。

> ①土地の固定資産税評価額 ＝ 土地の公示価格 × 0.7
> ②路線価 ＝ 土地の公示価格 × 0.8

　①と②の式で、土地の公示価格を、実際の取引価格＝時価と同じと考えることにします（現実にはピタリ一致するものではありませんが、かけ離れたものでもありません）。

　そうすると、①の式は、次のように変えられます。

$$土地の時価 \; = \; \frac{固定資産税評価額}{0.7}$$

　たとえば、ある土地の固定資産税評価額を調べると２千万円だったとします。そうすると、その土地の時価については、２千万円÷0.7の計算で、2857万円という数字が出てきます。

　次に、②の式は、次のように変えられます。

$$土地の時価 \; = \; \frac{路線価}{0.8}$$

　路線価は、道路に面した標準地の１㎡あたりの値段を示します（ゆがんだ土地や奥まった土地にはマイナスの補正値をかけます）。その値が、たとえば１㎡あたり10万円で、面積が200㎡なら、路線価にもとづくその土地の値段（相続税評価額）は２千万円になります。これから時価を計算すると、２千万円÷0.8で、2500万円という数字が出てきます。

公的評価による土地の値づけは「目安」と考えましょう

　公示価格や路線価は年に１度の鑑定でつけられる評価額ですから、現実の値動きによっては時価との間にズレが生じます。そうでなくても個々の土地の値段は、同じ地域でも個別の条件（形や日照や道路との接し方など）によって高低がつきます。固定資産税評価額は３年に１度の評価がえなので、さらに時価とのズレを生じやすいのです。

　それらの数字をつかって個別の土地の値段を計算してみても、現実の取引価格＝時価とピタリ一致することはなかなかありません。相続人みんなが納得するための「目安」には使える、ということです。

　より正確を期すならば、不動産屋さんに取材して数字をくらべてみたり、最終的には不動産鑑定士に鑑定を頼むようにしてください。

10 更地にしたときの値段から借地権の値段を引いたものが「底地」の値段です

 土地の値段は、更地（建物の建っていない土地）なら利用しやすく、売りやすいので高くつけられます。反対に、人に貸して家が建ってしまうと、その土地（家の下敷きになるので底地と呼ばれます）の評価額は低くなります。

◎借地権は所有権の６～７割もの価値をもつ権利です

　亡くなった人が自分の土地を人に貸しており、借りた人はその土地の上に自分で家を建てて住んでいるとします。土地を借りている人が「借地人」です。借地人は、「借地権」という権利をもっています。

　借地権には、**普通の借地権**と、**定期借地権**とがあります。普通の借地権はたいへんに強い権利です（ほぼ永久に借りた土地を返さなくてよい）。それで、土地を自分のものとして持つ権利（所有権）とくらべても、そうとう高い割合の値打ちを認められます（⇒定期借地権については141ページ）。借地権の値打ちが丸ごとの所有権の値打ち（＝更地価格）に対して占める割合が「**借地権割合**」です。これは、地域によりますが、60～70％が普通です。

　逆に言うと、土地を貸した側の土地所有権（「**底地権**」と呼びます）は、更地のままもっているよりひどく安くなってしまうということです（そのかわり賃料が入りますから、損をしているわけではありませんが）。更地の値段が１億円で、借地権の割合が70％とすると、残りの30％＝3000万円が、借地権を設定した土地＝「底地」＝「貸し宅地」の値段です。

貸し宅地の値段　＝　更地の値段　×　（１　－　借地権の割合）
（普通借地権の場合）

＊借地権の割合は、「路線価図」（町なか）または「評価倍率表」（郊外地や田地など）に表示されています。国税庁のホームページ（あるいは各地の税務署・都税事務所）ですぐに調べられます。

---

11 定期借地権では、年月が過ぎるごとに「底地権」の値打ちが高まります

土地を賃借して家を建てる権利＝借地権には、普通借地権のほかに「**定期借地権**」があります。こちらの借地権は、普通借地権とちがって、あらかじめ定めた期限がくれば借地人は必ずその土地を明け渡さなければならないのです。

それゆえ普通借地権ほど強い権利ではなく、権利の値段も普通借地権ほど高くなりません。

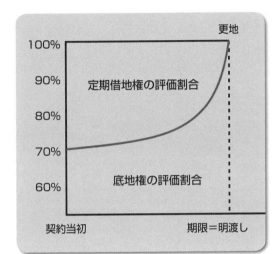

というよりも、最初は定期借地権も普通借地権と変わらないくらい値打ちがありますが、時が過ぎて期限が迫るとともに値打ちが下がるのです。

裏を返せば、期限が迫るにつれて土地の所有権（**底地権**）の評価額は上がっていくことになります（そのようすは上の図のとおりです）。

なお、空き地を駐車場や資材置き場にして人に貸している場合も、契約の更新は法律によって強制されませんので、底地の評価法はこの「定期借地権」と同様です。

ココがだいじです！

「**貸し宅地**」＝「**底地**」の値段
①**普通借地権の場合** ⇨ 　更地の値段から借地権の値段を引いた残額
②**定期借地権の場合** ⇨ 　契約当初は①と同じ、期限後は更地の値段

12 3つの方法がありますが、3つとも それぞれの難しさがあります

 亡くなった父は、アパートを建てて、賃料を受け取って暮らしをたててきました。今回の相続で、私たち相続人がそのアパートを受け継ぐことになったんですが、これをどういうふうに分けたらいいのかがわからないんです。

 いちばん簡単明瞭なのは、売ってお金に変えてから分ける方法です（**換価分割**）。しかし、アパートを売るというのは、自宅を売るように簡単にはいきません。アパート経営を引き継ぐつもりの人がうまく現れればいいですが、敷地の再利用を考えている買い手だと、まず住人を立ち退かせてからでないと売りにくいですし、売れるとしてもひどく安くなってしまいます。

 アパートは売らずに持っていた方がいいということでしょうか。

 必ずそうとも言えませんが、アパートをそのまま持っていれば、月々の賃料が入ってきます。急いで安く売ってしまうより、持ち続けていた方がトクになることが多いのです。きちんと家賃を支払ってくれる借家人でアパートが埋まっている場合、家主はそうとうの利益を期待できます。

 なるほど。アパートを売らないとすると、どんな分け方がありますか。

 方法は2つあって、1つめは相続人が共有という形式で分けてもつ方法です（**共有分割**）。2つめは、1人の相続人がアパートの全部をもらい、残りの相続人にはお金などの財産を渡して埋合わせをする方法です（**代償分割**）。1つめの共有分割は、アパートの建物・敷地の所有権を各相続人がそれぞれの持ち分に応じて手に入れ、法務局でその旨の登記（**共有持分の登**

記）をしておきます。アパートの借主からあがってくる賃料は、相続人がそれぞれの共有持ち分の割合に応じて受け取ることになります。

 私としては、それでもぜんぜんかまいませんが……。

 聞くと簡単そうでも、アパート経営は、ただ家賃を受け取っていればすむものではありません。日常的な管理や修繕の必要が生じますから、その負担をどう分け合うのか、家賃の振込み口座の管理は誰がするのか……（管理会社にまかせることもできますが、当然、余分の経費がかかります）。いろいろと面倒くさい問題が起きるものなので、裁判所も、**共有による遺産分割は代償分割も換価分割もできないときにやむなくとるべき方法であって、極力避けるべしと考えています**（大阪高裁・平成14年6月5日判決など）。

 難しいものですね。だったら、いったいどうすればいいんでしょう。

 残るのは代償分割ですが、この方法の注意点は、アパートの資産価値を何円と見積もればいいかの難しさです。その額がわからないと、アパートを受け取らない人にいくらのお金を渡せば釣合いがとれるのかがわかりません。

 「アパートの資産価値」は、どうやって計算すればいいんですか。

 アパートのような人に貸して賃料をとる物件については、それからあがる賃料収益をもとにして、建物と敷地の評価額を計算する方法があります（「**収益還元法**」といいます）。この方法で出した評価額をベースに、相続人の間で分割協議をなさるのがいいでしょう。ただし、難しい計算になりますので、不動産鑑定士に鑑定をたのんだ方がいいかもしれません。

 遺産のアパートを分ける方法は？

① 　売ってお金に変える　⇨　売らずに賃料を得る場合との損得に注意
② 　共有で持つ　⇨　共有者どうしのトラブルリスクに注意
③ 　1人が持ち、他の者にはお金を渡す　⇨　渡す金額の計算に注意

13 株式会社なら次の経営者に株を集中させる遺産分割をはかります

 私の家は、小さいながら金属加工業の会社を営んでいます。社長であった父が急逝し、母と私と弟がのこされました。長男の私があとを継ぐつもりでおり、母も了承してくれているのですが、弟も経営に色気があるらしく、譲る気はないようなんです。

 おたくの会社は株式会社ですか。

 一応そうですが、上場はしておらず、株はすべて父が所有しておりました。

 わかりました。ご承知のことと思いますが、**会社のあとを継ぐというのは、結局、その発行株式の過半数を自分のものにして、経営権を握るということ**です。そうすると、お父さんのお持ちになっていた株を、少なくともあなたの持分が過半数になるまで手に入れる必要があります。

 その株なんですが、きょうだいが等分にもらえるはずだ、なんて弟は言っています。

それはそのとおりです。というのも、**遺言のない法定相続の場合、株や現金のように物理的にきれいに割り切れるものは（不動産や物品と違って）、相続が生じたとたんに相続分の割合に分割されて、それぞれの相続人のものになってしまっている**ということがあるんです。

ということは、弟は、とっくに会社の株のオーナーってことですか？

法律的にはそういうことになります。**その株を改めてあなただけに集中させるための割り振りを、遺産分割協議の場でやる必要があるわけです。**

そうなんですか。それは、なかなか手を焼きそうだな……。

といっても、法定相続分の割合は、お母さんが1/2、あなた方きょうだいが1/4ずつですから、お母さんがあなたの味方になってくれるかぎり、もうあなたは余裕で会社の株の過半数を押さえていることになります。経営権を握るためなら、弟さんが相続した株まで手に入れる必要はないんです。

ああ、なるほど。だったら別に気苦労はいらないか……。

そうとも言えません。株主として残った弟さんに、あとあとなにかと経営のことで口出しされないためには、あなたのところに、できるだけ多くの株（お母さん所有の株も含めて）を集めておいた方がいいでしょう。

確かに。でも、弟が、タダで株を手放すとは思えませんが。

それはそうでしょう。弟さんが手放す株の埋めあわせになるもの（お金や不動産）を渡してあげて、遺産分割協議をまとめる必要があります。

株式会社の受け継ぎ方

会社の後継者ができるだけ多くの株を受け継ぎ、
他の相続人にはお金や不動産などで埋め合わせをします。

14 非上場で取引相場のない株の評価額は 会社の総資産を調べて割り出します。

 亡くなった人がオーナーとして経営していた**株式会社**の株を特定の相続人が相続して事業を受け継ぐ場合、ほかの相続人にお金など代償となる財産を与えて公平をはかる必要も出てきます。

　このとき、株式の評価額をいくらに見積もればいいかが問題になります（会社が**合同会社**や**有限会社**であれば、株式ではなく「**出資による持分**」ですが、意味合いは株式と同じです）。

　ほとんどの場合、その株は株式市場に上場されておらず、公の取引相場が存在しないので、簡単には計算ができません。このようなとき、**比較的規模の小さい会社では、その会社の総資産の額を確かめ、負債や税金などマイナスの要素を引いた残りの金額（純資産価額）によって株の価値をはかる方法がとられています**（これは相続税を払うための計算方法ですが、遺産分割のための評価額の計算でも参考になります）。

　　1株の評価額　＝　1株あたりの純資産価額

　　＝　$\dfrac{総資産の額　－　負債額　－　法人税などのマイナス額}{発行ずみ株式数}$

　なお、ほかにも、1年間の収益や配当を10％程度の利回りで割り戻す方法や、類似業種の上場株とくらべる方法（規模の大きい会社の場合）があります。厳密を期すなら、**公認会計士**など専門家の鑑定を受けてください。

事業承継に関係なく利殖用資産として上場株を持っている場合は？

　毎日、証券取引所での取引値段が日刊紙などに示されますので、それを参考にします。いつの値段かは、相続人の合意で特定の日を決めるか、一定期間（遺産分割前の1か月間など）の平均をとるなどします。

　なお、非上場でも登録銘柄・店頭管理銘柄の株式は、「気配相場のある株」として市場で値段がついています。評価法は上場株と同じです。

15 宝飾品類も、買った値段より はるかに安くなるのが普通です。

不動産にくらべれば、動産類、とくに使い古した家具や調度類は、一般に値段の安いものです。**宝飾品**も、金やプラチナのように地金（じがね）として安定した値のつくものを除けば、買った値段よりもはるかに安くなってしまうのが普通です。

書画骨とう類も、巨匠の真作などは別として、売ればたいした値はつきませんし、偽物も多いのです。もちろん、これは一般論であって、個別にどうしてもほしいという人が現れれば、高い値がつくことはあります。

車や船舶には、中古市場での相場価格があります。

これらについては、売っていいものは売って、お金にかえてしまえば、**売れた値段がまさにその物品の評価額**です。これほどはっきりした話はありません。しかし、思い出の品とか家宝とかで、売るわけにいかない場合には、相続人たちが納得のいく線を出し合って折り合うか、うまくいかなければその道の専門家や取扱い業者に鑑定を頼むしかないでしょう。

権利関係の評価のしかたは？

・人に貸しつけたお金（債権）
　⇨元本とたまっている利息の額（ただし、回収不能リスクをどのくらいに見積もって割り引くかは、返済状況を調べての話合いです）

・ゴルフ会員権
　⇨相続税の評価では取引相場の70％としますが、遺産分割協議では相場から名義書換え料程度を引いて折り合うことが多いようです。

・著作権や特許権
　⇨長く収入源になるものから、すぐ無意味になるものまであります。入金データを調べ、向こう何年分のかけ算にするかの話し合いです。

16 最終的には家庭裁判所に行って調停 や審判で解決することができます

 相続人が集まって遺産分けの協議を続けてきましたが、いがみあってばかり で、まとまりそうにありません。なにかいい解決策はないものでしょうか。

 本当にどうにもならないということであれば、裁判所（亡くなった人の最 後の住所地を管轄する家庭裁判所）に話をもっていって、解決のための手 続きをとることができます。

　この手続きには、**審判**という手続きと、**調停**という手続きがあります。 遺産分割の問題では、まずは調停から入ることが普通です。

 裁判所で審判と……調停ですか。それは裁判とは違うものなんですか。

 裁判だと、訴状をつくったり、証拠をそろえたり、けっこうめんどうな手 続きが必要になりますが、**審判や調停なら、裁判所の窓口でもらえる定型 の申立書にマルをつけたり、適当に書きこみをして提出すればいいんで す。** あとは裁判官や、**調停なら調停委員が話を聞いて、トラブルを解決の 方向にもっていってくれます。** 裁判のような当事者のガチンコ対決ではな く、裁判所が紛争当事者の間にはいって話合いをまとめてくれる形式なの で、難しい準備はいらないんです。

 それじゃあ、その審判と、調停というのは、どう違うんですか？

 審判は、裁判官がそれぞれの言い分を聞いたあと、必ず「こう解決しなさ い」という結論を出します。**審判が出ると、裁判の判決と同じで、確定す れば当事者はイヤでも従わなければなりません**［どうしても納得がいかなけれ ば、**即時抗告**という不服申立ての手続きをして審判の確定を防ぎ、上級裁判所（審判を

した家庭裁判所を管轄する高等裁判所）にその審判が妥当なものか否かを判断してもらうことができます]。

　一方、調停の場合は、あくまで対立する者どうしの話合いですので、**双方が折り合って「これでいいです」という結論に行き着かなければ、「調停不調（不成立）」ということで終わりになります。**裁判所の方から結論を押しつけることはありません。

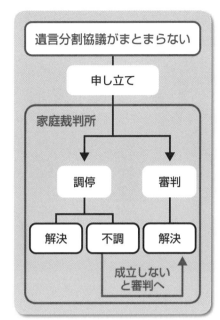

遺言分割協議がまとまらない

申し立て

家庭裁判所

調停　　審判

解決　不調　解決

成立しないと審判へ

　しかし、それだと、決裂したまま進展なしのこともあるわけですね。

　いえ、それではラチがあかないので、**調停不調のときは、自動的に審判に回されます。**

　審判はさっき言ったとおり、必ず裁判官が結論を出しますから、相続争いにもケリがつくというわけです。

　なるほど。しかし、どうも裁判所なんてところに行くのは、気が引けるようで……。

　それは無理もないですが、家庭裁判所は家庭内のもめごとについて皆さん方の相談にのるのが仕事のようなところです。わからないことは親切に教えてもらえますし、気後れはまったく無用で、大いに利用すべきなんです。

 ココがだいじです！

調停はあくまで相続人どうしの話合いですが
審判は必ず裁判所が「こうしなさい」という結論を出します。

17 「不在者財産管理人」を裁判所に 選んでもらうことができます

 相続人であるのはまちがいないのに、行方不明になっている人がいたら困ってしまいます。遺産分割協議は、かならず相続人の全員一致で成立させないと効力を生じません。そういうときには、不在者の従来の住所地にある家庭裁判所に、「**不在者財産管理人**」の選任を申し立てればいいのです。この「不在者財産管理人」が行方不明になった相続人のかわりに遺産分割協議に参加して、協議を成立させることができます。

　もう一つの方法は、行方不明の人について「**失踪宣告**」を家庭裁判所に申し立てることです。行方不明になってから７年間（震災や船の沈没など特別の危難後なら１年間）がすぎると、家庭裁判所は「失踪宣告」を出すことができます。「失踪宣告」が出ると、その人は（実際の生死は別にして）法律上は死亡したものとされ、相続権ももたないことになります。

　「不在者財産管理人」を選んでもらうのと、「失踪宣告」を出してもらうのとでは遺産の受取額に大きな差が生じることがあります（失踪者に相続人がいなければ「失踪宣告」で相続人が１人減る）。「失踪宣告」は待機時間の問題もありますので、いずれを選ぶかは、慎重に考えて判断してください。

相続人に未成年者がいるときの遺産分割協議

　未成年者の相続人は、遺産分割協議に参加することができず、法定代理人である親が、かわりに協議をおこなうことになります。

　しかし、その親自身が相続人の１人である場合（父親がなくなり、母親とその子どもが相続人になる場合など）、その母親は子どもの代理人にはなれません（遺産の受取り分について利益が対立しているからです）。こういうときには、子どもの住所地の家庭裁判所に申し立てて、「特別代理人」を選んでもらわなければなりません。子どもが複数いれば、人数分の特別代理人を用意する必要があります。

第**5**章

相続税はどのように
支払えばいいのですか

**◉相続税の生じる条件から、負担軽減のための控除制度、
税額計算のやり方まで**

　亡くなった人の遺産は、遺族の生活を支えるよりどころとなる
ものです。しかし、あまりに大きな金額が遺族だけに受け継がれ
ていくと、やがて社会的な不均衡、不公平が高じてきます。

　そこで、一定の金額よりも大きな
遺産には、税金をかけて社会に還元
するしくみがとられているのです。
これが相続税というものです。

　相続人が1人だけの場合、遺産が
3600万円以下であれば相続税の
心配はいりません。2人なら4200
万円、3人ならば4800万円まで
だいじょうぶです。

　しかし、それを超える遺産がある
ときには、税務署への申告・納付の
手続きのしかたと、いろいろな軽減
措置を知っていなければなりませ
ん。軽減措置を上手に利用すれば、
払うはずだった相続税を払わなく
てすむ場合があります。

1 遺産の額が「基礎控除」の額を超える場合に相続税が生じます。

父が亡くなりましたが、遺産としてめぼしいものは、父と母が住んでいた家と土地、それに銀行預金が500万円程度です。相続税は払わなければならないでしょうか。

定額	3000万円

＋

相続人の数	× 600万円

養子をとれば相続人の数が増えることになって基礎控除額を増やせますが、一定の限度があります（⇨164ページ）。

相続税を払うか払わないでいいかは、おおざっぱに言うと、遺産の額が「基礎控除」の額より大きいかどうかで決まります。「基礎控除」の額は遺産の額から差し引きますが、差し引いた答えがゼロ以下ならば、相続税を支払う必要はありません。その「基礎控除」の額は、右上の方式によって出します。

私たちの場合はどうなりますか？

ご遺族は、お母さん（亡くなった人の配偶者）、それにあなたと妹さん（亡くなった人の子ども）でしたよね。その3人が、このたびの相続における法定相続人です。

　法定相続人が3人ですから、「基礎控除」の額は、3000万円に3×600万円＝1800万円を足して、4800万円ということになります。

実は、父は遺言を残しておりまして、父の妹（私の叔母）とその一人息子に100万円ずつ預金を渡すようにとのことなんです。そうすると、相続人

は２人増えて５人になりますが、「基礎控除」の額は増えないんですか。

増えません。遺言があれば「指定相続」ですが、**法定相続の場合より遺産の受取人**（遺言による場合は「相続人」ではなく「受遺者<ruby>受遺者<rt>じゅいしゃ</rt></ruby>」です⇒72ページ）**が増えても、**「基礎控除」の額はあくまで法定相続の規定による法定相続人の人数によって計算します（相続放棄によって相続人の数が減った場合も同じです）。これは「基礎控除」の額を、個別の事情で変えないためです。

なるほど。そうすると、結局、私たちの相続では、「基礎控除」より遺産の額が多いかどうかを調べればいいわけですね。

そういうことになります。正確には、**生命保険金などの「みなし相続財産」を遺産額に加えたり、逆に亡くなった人の借金を遺産額から引いたりと**いった調整要素がありますが（⇒158ページ）、まあ、今回の相続では、まず相続税の心配は無用でしょう。というのも、お母さんがお父さんと住んでらした宅地の評価額が80％ほども減額されるでしょうから（**小規模宅地についての特例**⇒156ページ）、よほど巨額の生命保険金などがなければ、4800万円の基礎控除額を遺産の評価額が超えることはないと思われます。

だったら安心ですが、もし、くわしく調べて相続税の支払い不要とはっきりわかっても、その結果は税務署に申告しないといけないんでしょうね。

「基礎控除」を引くだけで相続税がかからないことがわかったら、申告は不要で、そのままなにもしなくてけっこうです。ただし、「小規模宅地の特例」や「配偶者の税額軽減」（⇒162ページ）などの特例を適用してはじめて相続税がゼロになる場合は、**その特例の適用を求めるための申告が必要**ですから、この点は注意をなさってください。

ココがだいじです！

遺産の額が「基礎控除額」を下回っていれば、相続税の納付義務も申告義務もありません。

宅地の相続税評価額の出しかたは？

① 路線価方式

「**路線価**」が定められている地域（市街地）での評価方法です。「**路線価**」は「**公示価格**」（時価に近い）の80％を目安に、割安に定められています。

▶税務署の資産税課などに「**路線価図**」がありますが、国税庁のホームページでも見ることができます。「**路線**」（道路）の上に、その道路に面する標準的な土地の1㎡あたりの価格（路線価）が書いてあります。この価格を土地の面積にかけて土地全体の数字を出し、奥行きや形状による価格補正（奥行きが長かったり形がゆがんでると評価減）を加えて値段を決めます。

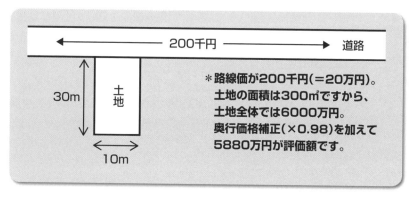

200千円 ――――――→ 道路

30m　土地

10m

＊路線価が200千円（＝20万円）。
土地の面積は300㎡ですから、
土地全体では6000万円。
奥行価格補正（×0.98）を加えて
5880万円が評価額です。

② 倍率方式

「路線価」が定められていない農村部や郊外地での評価方法です。

> **宅地の相続税評価額　＝　固定資産税評価額　×　一定の倍率**

「**固定資産税評価額**」も「路線価」と同じく、時価よりも割安の値づけです。

▶「固定資産税評価額」は市区町村役場（東京23区は都税事務所）で**固定資産課税台帳**を見て調べます。「一定の倍率」の方は、税務署で調べるか、国税庁のホームページで「路線価図・評価倍率表」を見るとわかります。

家屋の相続税評価額の出しかたは？

 家屋の相続税評価額は、どの地域の家屋でも「**倍率方式**」によって出して
います。といっても、倍率は1ですから、その額は固定資産税評価額と同
じです。

▶建物の固定資産税評価額は、市町村の鑑定によって、その建物の標準的
な建築費用の50〜70％を目安につけられています。

家屋の相続税評価額　＝　固定資産税評価額　×　1.0

▶宅地と同じく、その物件のある市区町村（東京23区は都税事務所）の役
場で、「固定資産税評価額」を固定資産課税台帳を閲覧して調べます。

土地の値づけの難しさ…同じ土地でも値段は5種類もあります

土地の値づけは複雑で、同じ土地に異なる複数の値段がついています。
①　路線価（⇨毎年1月1日時点の更地価格を出すための基準）
②　固定資産税評価額（⇨3年おきの7月1日時点の更地価格）
①が相続税に関するもので、税務署が相続税をとるためにつけている町
なかの土地の評価基準です。
②は固定資産税などをとるために市町村がつける不動産の評価額。建物
の相続税評価額にも、この②を使います。
③　公示価格（⇨毎年1月1日時点の更地価格：公表は3月下旬）
④　基準地価格（⇨毎年7月1日時点の更地価格：公表は9月下旬）
③は国、④は都道府県が、それぞれ全国のモデル地について評価額を公
表するものです。
公示価格は、①の路線価や②の固定資産税評価額を定めるときの目安と
して使われます（路線価は公示価格の80％、土地の固定資産税評価額は
70％を目安に値がつけられます）。
⑤　時価（実勢価格）
最後が、現実の取引きでの相場価格です。
公示価格や基準地価格に近いはずのものですが、個別の物件の状態しだ
いで異なることも多いのです。

小規模宅地の評価の特例とは？

 亡くなった人の配偶者（妻・夫）や同居していた親族など一定の要件を満たす人が、亡くなった人が持っていた居住用あるいは事業用宅地の権利（所有権・借地権）を相続した（または遺贈された）場合、その宅地について決められた面積の部分までは80％の評価減（1億円なら2000万円に減額）を受けられる特例です。

◎配偶者／同居親族が権利を取得
▶相続などで取得する宅地
　亡くなった人が権利を持ち、建物を建てて住んでいた宅地
▶取得する人
　⇒・亡くなった人の配偶者 (1)
　　・亡くなった人と同居していた親族（配偶者以外）で、相続税の申告期限まで引き続き居住し、かつ権利を売らずにいる人

◎亡くなった人と生計を一（いつ）にする別居親族が権利を取得
▶相続などで取得する宅地
　⇒亡くなった人と生計を一にする親族が住んでいた宅地 (2)
▶取得する人
　⇒その宅地に住んでいる親族で、相続税の申告期限まで引き続き居住し、かつ権利を売らずにいる人

◎持ち家のない別居親族が権利を取得
▶相続などで取得する宅地
　⇒亡くなった人に配偶者も同居親族もいない場合に、亡くなった人が住んでいた宅地
▶取得する人（次の条件を共に満たす人）
　・相続開始前3年以内に取得者本人、3親等内の親族、親族経営など特別な関係にある法人の持ち家に住んでいない
　・相続開始時に住んでいる家を過去に所有したことがない (3)
　・申告期限まで取得した権利を売らない

特定居住用宅地
330㎡まで
80％の減額

(1) 配偶者は、亡くなった人と同居していなくても、あるいは申告期限まで住み続けていなくても、この減額特例を受けられます。
(2) 亡くなった当人は自宅を離れて老人ホームなどで親族と別居し、その生活費や入居費を親族が負担していたようなケースです。老人ホームの入居では、①亡くなった人が介護を要するために入所したこと、②入所後に自宅がよその人に貸し出されていないことなどが減額特例適用の判断材料になります。
(3) この特例を受けるため相続開始前3年より前に自宅を売却し、そのまま借りて住む手口を防ぐ規定。

下の「特定事業用宅地」の「事業」は、工場やお店の経営のことで、アパートを建てて大家さんをやっているような場合は含みません。駐車場の経営など、建物のない場合もだめですが、**それらの場合でも、「貸付事業用宅地」として、200㎡まで50%の減額を受けることはできます。**ただし、その宅地を相続などで取得した親族が申告期限まで引き続きその宅地の権利を保有し、貸付事業を続けていることが条件。相続開始前3年以内に不動産貸付事業にその土地を使い始めた場合は対象外です。

◎事業者／事業承継者が権利を取得
▶相続などで取得する宅地
　⇒亡くなった人本人または生計を一にする親族が事業用の建物・構築物の敷地として使っていた宅地
　・相続開始の3年前より前からその土地で事業を営んでいることが条件で、相続開始前3年以内の事業開始は対象外。ただし土地上にある事業用の減価償却資産の価額が土地の価額の15%以上である場合は例外
▶取得する人
　⇒宅地上で営んでいた（または亡くなった人から承継した）事業を相続税の申告期限まで続け、かつその宅地の権利を売らずにいる人

◎事業者／事業承継者が権利を取得
▶相続などで取得する宅地
　⇒亡くなった人または親族が50%超の株式・出資持分をもつ会社が事業用の建物・構築物として使っていた宅地
▶取得する人
　⇒相続税の申告期限までその会社（法人）の役員であり、引き続きその宅地の権利を保有して事業に使う人

特定事業用宅地
400㎡まで
80%の減額

特定同族会社事業用宅地
400㎡まで
80%の減額

▶1つの宅地を複数の相続人が共同相続した場合、そこに住まない人や事業にかかわらない人の相続分については減額の適用がありません。

2 先に全体としての相続税額を出しそれを各相続人に割り振ります。

 具体例で説明します。Ａさんが亡くなり、相続人は、奥さん（配偶者）と子ども２人（兄・妹）です。遺産は２億円相当の不動産や銀行預金、株式などで、これを遺言に従って奥さんが8000万円ぶん、子どもたちが6000万円ぶんずつ受け取ります。ほかに奥さんはＡさんの退職金3000万円と生命保険金2000万円を受け取り、葬儀費用の500万円を出しました。２年前に妹さんがＡさんから200万円分の株式を贈与され、贈与税９万円を支払いずみです。

---

① **相続税の「課税価格」を計算します。**

> 預金や不動産などの遺産の額に、みなし相続財産（生命保険金・死亡退職金…＊）と相続開始前３年以内の贈与額を足し、亡くなった人の借金や葬式費用、非課税財産（寄付金など）の額を引いて「課税価格」（相続税の対象となる正味の遺産額）を出します。
>
> ＊生命保険金・退職金の受取額からは500万円×相続人の数の金額を差し引きます。

---

② **相続税がかかる遺産の総額を計算します。**

> 「課税価格」から「基礎控除額」（⇨ 152 ページ）を引きます。

---

③ **相続税の総額を計算します。**

> 仮に相続人が法定相続分どおりに相続したものとして、相続税の総額を計算します。

---

④ **相続人それぞれの相続税額を計算します。**

> ③で出した相続税の総額を、それぞれの相続人が実際に相続した割合に応じて、それぞれに振り分けます。

相続税は以上の順序をふんで計算します。この例では次のとおりです。

① **相続税の「課税価格」の算出**

遺産	200,000,000円
みなし相続財産（生命保険金＋退職金）	50,000,000円
＊控除額　　生命保険金　500万円×3人	▲15,000,000円
退職金　　　500万円×3人	▲15,000,000円
相続開始前3年以内の贈与財産（妹への株贈与）	2,000,000円
債務・葬式費用などの控除	▲5,000,000円

相続税の「課税価格」　⇨　217,000,000円

相続税の「課税価格」は2億1700万円となりました。これから基礎控除額（3000万円＋6000万円×相続人の数）を引きます。本例では相続人の数が3人で、基礎控除額は4800万円です。

② **相続税がかかる遺産の総額の算出**

217,000,000円　－　48,000,000円　＝　169,000.000円

基礎控除後の「相続税がかかる遺産の総額」は1億6900万円でした。

この額から、相続人が法定相続分どおりに相続したとした場合の相続税の総額を計算します。これは、遺産分割のしかたしだい（控除額の多い配偶者に受取り分を集めるなど）で相続税の額が少なくなると税務署としてはまずいので、あらかじめ税の総額の方を決めてしまうやり方です。

この例では、相続人は、亡くなった人の奥さんと子ども2人ですから、それぞれの法定相続分はこうなります。

配偶者　＝　1/2
子ども　＝　1/2
（1人あたりは1/4）

法定相続人	相続分
配偶者（奥さん） 子ども	1/2 1/2　⇨　複数いたら 　　　　　頭割り

[相続税の速算表]

法定相続分にあたる取得金額 （課税価格）	税率	控除額
1,000万円以下	10%	―
1,000万円超〜3,000万円以下	15%	50万円
3,000万円超〜5,000万円以下	20%	200万円
5,000万円超〜1億円以下	30%	700万円
1億円超〜2億円以下	40%	1,700万円
2億円超〜3億円以下	45%	2,700万円
3億円超〜6億円以下	50%	4,200万円
6億円超〜	55%	7,200万円

相続税の税率のあてはめについては、上の「速算表」を使います。

そうすると、本例にしたがった計算は、次のようになります。

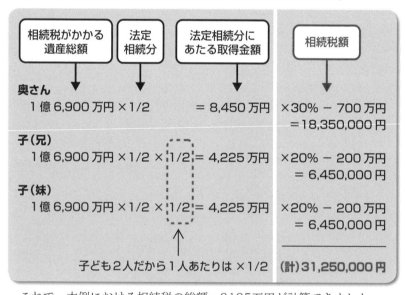

これで、本例における相続税の総額＝3125万円が計算できました。

この額を、相続人たちが実際にそれぞれ受けとった遺産額の比率にしたがって相続人ごとに振り分けたものが、各人が実際に支払う相続税額です。

ここで各相続人が実際に受け取った遺産額の比率を出す計算をします。

奥さん

〔実際の受取額〕

退職金や生命保険金は、計算上、控除額を引いたものを実際の受取額とできます。

遺産	8000万円	
退職金	1500万円	〔⇐3000万円－1500万円〕受取額　3人分の控除額
生命保険金	500万円	〔⇐2000万円－1500万円〕受取額　3人分の控除額
葬式代の支払い	▲500万円	

9500万円　…………0.43　相続人全員の受取額に対する比率

子（兄）

〔実際の受取額〕　相続人全員の受取額に対する比率

遺産　6000万円　…………0.28

子（妹）

〔実際の受取額〕

遺産　6000万円

3年以内に受けた贈与　200万円

6200万円　…………0.29　相続人全員の受取額に対する比率

これで出てきた各人の比率を、相続税の総額＝3125万円にかけます。

奥さん	31,250,000円	×	0.43	=	13,437,500円
子（兄）	31,250,000円	×	0.28	=	8,750,000円
子（妹）	31,250,000円	×	0.29	=	9,062,500円

（計 31,250,000円）

これで一応、それぞれの相続人に割り振った相続税額が計算されて出てきました。

しかし、最終的に納付しなければならない相続税額は、この額ではありません。というのも、**相続税には、相続人のいろいろな事情に配慮した税額軽減の制度があるからです。**

その税額控除をすませた最終的な各人の支払い額は、次のとおりになります。

奥さん 　13,437,500円 － 13,437,500円 ＝ 　　　　0円
　　　　　　　　　　　　（配偶者の税額軽減）

子（兄） 　　　　　　軽減なし　　　　　　　8,750,000円

子（妹） 　9,062,500円 － 　90,000円 ＝ 8,972,500円
　　　　　　　　　　　　（払いずみの贈与税額）

結局、亡くなった人の奥さん（配偶者）は１円も相続税を払わなくてもいいことになりました。これは、**配偶者の相続税額軽減制度を利用する**ことによります。

［配偶者（妻・夫）の税額軽減制度］

◎**相続額が（課税価格に対して）法定相続の割合以内** ⇨ **相続税＝0**

◎**相続額が１億6000万円以下** ⇨ **相続税＝0**

（法定相続の割合を超えていても、額が１億6000万円まではOK）

＊この例では、遺産の「課税価格」が２億1700万円なのに対し、奥さんの相続額（実際の受取額）が9500万円。奥さんの相続した割合は43％で、法定相続分である1/2以内です。金額も１億6000万円以下なので、いずれにせよ相続税＝0となります。
　配偶者の相続割合が法定相続の割合以内であれば、相続額がいくら高額でも相続税はかかりません。

＊この税額軽減を受けるには税務署への申告が必要です。

＊申告期限（相続開始を知った日の翌日から10か月以内）までに遺産分割をおえ、実際に遺産を受け取っている必要があります（ただし分割できない事情が認められれば３年間は控除可能です）。

相続税の軽減制度一らん（配偶者の税額軽減制度以外のもの）

◎未成年者控除

　未成年者の相続人が20歳になるまでの年数1年（端数は切上げ）につき10万円を相続税額から控除できます。

　　＊14歳△か月の相続人なら、14歳から20歳までの6年間で60万円の控除額です。

◎障害者控除

　相続人が障害者のときは、85歳に達するまでの年数1年につき10万円（程度の重い特別障害者は20万円）を相続税額から控除することができます。

　　＊50歳△か月の相続人なら、50歳から85歳までの35年間で350万円（特別障害者は700万円）の控除額です。

◎数次相続控除

　数次相続（すうじそうぞく）とは、たとえばAさんが亡くなり、その妻Bさんと子のC・Dさんが相続人となったとき、時をおかず今度はBさんが亡くなって、立て続けにC・Dさんの相続が生じてしまうようなケースのことをいいます。

　10年以内に2回以上相続があった場合は、最初の相続で支払った相続税の全額の一部を、2回目の相続の相続税から控除することができます。

◎すでに支払った贈与税額の控除

　亡くなった人からの相続開始前3年以内の贈与についてすでに支払っている贈与税や、「相続時精算課税制度」によってすでに支払っている贈与税は、相続税額から控除できます。

相続税の加算

配偶者・両親・子（代襲相続の孫を含む）以外の者（たとえば兄弟姉妹）が相続したり遺贈を受ける場合は、相続税額が2割増しになります。
＊ただし基礎控除などの各種控除がなくなるわけではありません。

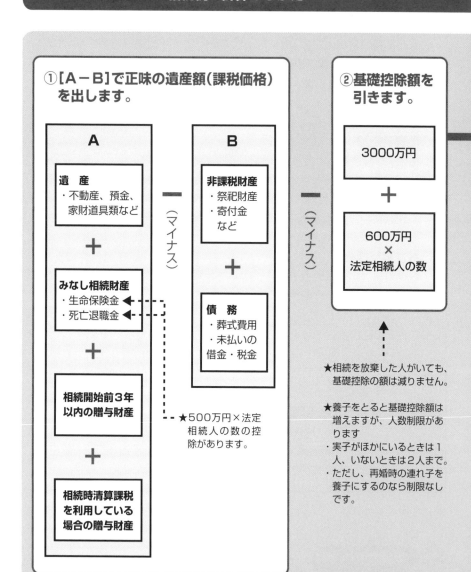

①[A－B]で正味の遺産額（課税価格）を出します。

A

遺　産
・不動産、預金、家財道具類など

＋

みなし相続財産
・生命保険金 ◀- - -
・死亡退職金 ◀- - -

＋

相続開始前３年以内の贈与財産

＋

相続時清算課税を利用している場合の贈与財産

－（マイナス）

B

非課税財産
・祭祀財産
・寄付金
など

＋

債　務
・葬式費用
・未払いの借金・税金

- - ★500万円×法定相続人の数の控除があります。

－（マイナス）

②基礎控除額を引きます。

3000万円

＋

600万円
×
法定相続人の数

▲

★相続を放棄した人がいても、基礎控除の額は減りません。

★養子をとると基礎控除額は増えますが、人数制限があります
・実子がほかにいるときは１人、いないときは２人まで。
・ただし、再婚時の連れ子を養子にするのなら制限なしです。

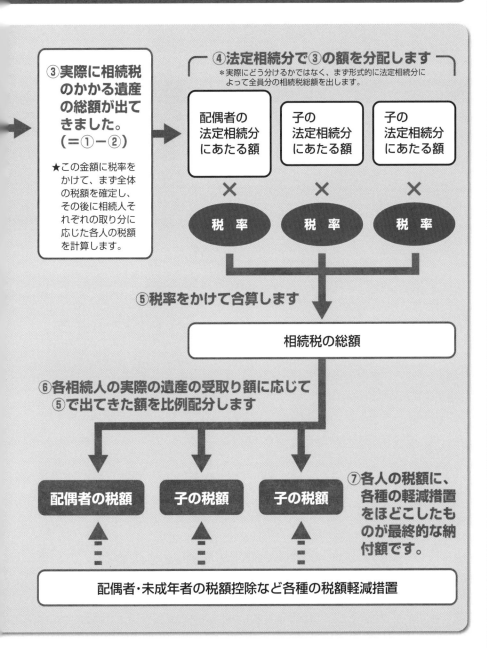

③実際に相続税のかかる遺産の総額が出てきました。（＝①－②）

★この金額に税率をかけて、まず全体の税額を確定し、その後に相続人それぞれの取り分に応じた各人の税額を計算します。

④法定相続分で③の額を分配します
＊実際にどう分けるかではなく、まず形式的に法定相続分によって全員分の相続税総額を出します。

| 配偶者の法定相続分にあたる額 | 子の法定相続分にあたる額 | 子の法定相続分にあたる額 |

× 税率　× 税率　× 税率

⑤税率をかけて合算します

相続税の総額

⑥各相続人の実際の遺産の受取り額に応じて⑤で出てきた額を比例配分します

配偶者の税額　子の税額　子の税額

⑦各人の税額に、各種の軽減措置をほどこしたものが最終的な納付額です。

配偶者・未成年者の税額控除など各種の税額軽減措置

◆全国の弁護士会の所在地・連絡先一らん

★ひまわりお悩み110番　☎0570-783-110（近くの弁護士会につながります）

	名　称	住　　所	電話番号
北海道	札　幌	〒060-0001　札幌市中央区北一条西10丁目 札幌弁護士会館7階	011-281-2428
	函　館	〒040-0031　函館市上新川町1-3	0138-41-0232
	旭　川	〒070-0901　旭川市花咲町4	0166-51-9527
	釧　路	〒085-0824　釧路市柏木町4番3号	0154-41-0214
東北	仙　台	〒980-0811　仙台市青葉区一番町2-9-18	022-223-1001
	福島県	〒960-8115　福島市山下町4-24	024-534-2334
	山形県	〒990-0042　山形市七日町2-7-10 NANA BEANS8階	023-622-2234
	岩　手	〒020-0022　盛岡市大通り1-2-1 サンビル2階	019-651-5095
	秋　田	〒010-0951　秋田市山王6-2-7	018-862-3770
	青森県	〒030-0861　青森市長島1丁目3番1号 日赤ビル5階	017-777-7285
関東	東　京	〒100-0013　千代田区霞が関1-1-3	03-3581-2201
	第一東京	〒100-0013　千代田区霞が関1-1-3	03-3595-8585
	第二東京	〒100-0013　千代田区霞が関1-1-3	03-3581-2255
	神奈川県	〒231-0021　横浜市中区日本大通9	045-201-1881
	埼　玉	〒336-0063　さいたま市浦和区高砂4-7-20	048-863-5255
	千葉県	〒260-0013　千葉市中央区中央4-13-9	043-227-8431
	茨城県	〒310-0062　水戸市大町2-2-75	029-221-3501
	栃木県	〒320-0845　宇都宮市明保野町1-6	028-689-9000
	群　馬	〒371-0026　前橋市大手町3-6-6	027-233-4804
	静岡県	〒420-0853　静岡市葵区追手町10-80	054-252-0008
	山梨県	〒400-0032　甲府市中央1-8-7	055-235-7202
	長野県	〒380-0872　長野市妻科432	026-232-2104
	新潟県	〒951-8126　新潟市中央区学校町通一番町1	025-222-5533

中部	愛知県	〒460-0001	名古屋市中区三の丸1-4-2	052-203-1651
	三　重	〒514-0032	津市中央3-23	059-228-2232
	岐阜県	〒500-8811	岐阜市端詰町22	058-265-0020
	福　井	〒910-0004	福井市宝永4-3-1 サクラNビル7階	0776-23-5255
	金　沢	〒920-0937	金沢市丸の内7-36	076-221-0242
	富山県	〒930-0076	富山市長柄町3-4-1	076-421-4811
近畿	大　阪	〒530-0047	大阪市北区西天満1-12-5　　　　（案内）	06-6364-0251
	京　都	〒604-0971	京都市中京区富小路通丸太町下ル（相談）	075-231-2378
	兵庫県	〒650-0016	神戸市中央区橘通1-4-3	078-341-7061
	奈　良	〒630-8237	奈良市中筋町22番地の1	0742-22-2035
	滋　賀	〒520-0051	大津市梅林1-3-3	077-522-2013
	和歌山	〒640-8144	和歌山市四番丁5番地	073-422-4580
中国	広　島	〒730-0012	広島市中区上八丁堀2-73	082-228-0230
	山口県	〒753-0045	山口市黄金町2-15	083-922-0087
	岡　山	〒700-0807	岡山市北区南方1丁目8番29号	086-223-4401
	鳥取県	〒680-0011	鳥取市東町2-221	0857-22-3912
	島根県	〒690-0886	松江市母衣町55番地4 松江商工会議所ビル7階	0852-21-3225
四国	香川県	〒760-0033	高松市丸の内2-22	087-822-3693
	徳　島	〒770-0855	徳島市新蔵町1-31	088-652-5768
	高　知	〒780-0928	高知市越前町1-5-7	088-872-0324
	愛　媛	〒790-0003	松山市三番町4丁目8番地8	089-941-6279
九州	福岡県	〒810-0044	福岡市中央区六本松4-2-5	092-741-6416
	佐賀県	〒840-0833	佐賀市中の小路7-19	0952-24-3411
	長崎県	〒850-0875	長崎市栄町1-25 長崎MSビル4階	095-824-3903
	大分県	〒870-0047	大分市中島西1-3-14	097-536-1458
	熊本県	〒860-0078	熊本市中央区京町1-13-11	096-325-0913
	鹿児島県	〒892-0815	鹿児島市易居町2-3	099-226-3765
	宮崎県	〒880-0803	宮崎市旭1-8-45	0985-22-2466
	沖　縄	〒900-0014	那覇市松尾2-2-26-6	098-865-3737

〔監修者紹介〕

國部　徹（くにべ　とおる）

昭和35年12月9日生まれ。東京大学法学部卒業。

弁護士（東京弁護士会所属）。平成4年弁護士登録、平成10年國部法律事務所開設。

一般民事・家事事件をはじめ、労働事件や倒産事件、刑事事件など日常の出来事全般、また主に中小企業向けの企業法務を取り扱う。著書に「図解による労働法のしくみ」「労働審判・示談・あっせん・調停・訴訟の手続きがわかる（共著）」「戸籍のことならこの1冊（共著）」（いずれも自由国民社刊）などがある。

〔初版〜第5版監修者〕

石原　豊昭（いしはら　とよあき）

昭和3年山口県に生まれる。中央大学卒業。弁護士（東京弁護士会所属）。平成27年逝去。

三井三池労働争議事件その他暴力金融グループ・株券金融犯罪グループ事件などの被害者救済で活躍。著書に「債権なにがなんでも回収法」「訴訟は本人で出来る(共著)」「遺言書の正しい書き方・活かし方」「財産相続トラブル解決マニュアル」「戸籍のことならこの一冊（共著）」（いずれも自由国民社刊）などがある。

＊本書は、令和2年6月1日現在施行されている法令に基づいて解説しています。

いちばん役立つ・相続まるわかり

2009年4月1日　初版第1刷発行
2020年8月27日　第7版第1刷発行

監 修 者	國　部　　徹	
執 筆 者	小 早 川　　浩	
発 行 者	伊　藤　　滋	
DTP制作	㈲ 中 央 制 作 社	
印 刷 所	大 日 本 印 刷 株 式 会 社	
製 本 所	新 風 製 本 株 式 会 社	

発 行 所　　　　　　㈱自由国民社

〒171-0033　東京都豊島区高田3-10-11
　　　TEL〔販売〕03(6233)0781〔編集〕03(6233)0786
　　　https://www.jiyu.co.jp/

Ⓒ 2020　落丁、乱丁はお取り替えいたします。